Accompagner la vie de ceux qui vont la quitter

ISBN 978-2-84319-290-6

Christine Salvador

Accompagner la vie de ceux qui vont la quitter

Editions J.LYON
19, rue Saint-Séverin
75005 Paris

Du même auteur

L'aromathérapie spirituelle, Guy Trédaniel Editeur, 2010

Sommaire

Préface	7
Avant-propos	9
Comment tout a commencé... Le destin	11
Hommage	23
L'accompagnement est une posture et une attitude	27
Les témoignages	31
La vie du malade d'une même voix	39
La souffrance psychologique du mourant	49
Le dernier temps du mourir	53
Vivre le deuil	73
Le besoin relationnel	85
La communication et l'écoute	91
Les besoins chez les soignants	103
Le toucher pour tous	117
Le toucher dans l'accompagnement des personnes en fin de vie	123
La place des huiles essentielles dans l'accompagnement des personnes en fin de vie	147
Premier colloque	155
Remerciements	197
Textes	199
Glossaire	211
Suggestions de lecture	219

Préface

J'ai été profondément bouleversé par la lecture de ce livre.

Connaissant Christine Salvador depuis une vingtaine d'années, j'étais évidemment au courant de ses multiples activités dans l'univers des soins apportés aux autres. Et pour en avoir profité, je sais combien s'avèrent fertiles ses capacités d'écoute, de communication silencieuse et de psychologie transpersonnelle : elle voit – sent – détermine dans chaque personne ce qui ne va pas et connaît les gestes et les huiles essentielles qui vont relaxer les tensions, calmer les angoisses, débloquer les énergies stagnantes ou perverses, afin de redonner au corps stressé et bloqué, une conscience éclaircie, un nouvel appétit de vivre et des possibilités d'action à la fois renouvelées et apaisées. Elle est douée d'un toucher télépathique et sait remettre l'être qu'elle accompagne dans le droit chemin de sa propre harmonie intérieure.

Pour en avoir souvent parlé avec elle, je connaissais son intérêt pour une mystique sans frontières qu'elle vit au contact de la nature et de sa religion chrétienne : elle en parle ici avec fougue. Je savais aussi qu'elle accompagnait des personnes en fin de vie mais avoue découvrir l'ampleur de cet engagement avec cet ouvrage bienveillant qui m'a d'autant plus touché que je l'ai lu alors qu'un de mes vieux amis de 90 ans, grand sportif, amoureux de la vie, cultivé et curieux de tout, se trouvait réduit à la suite d'un Avc à l'état de pauvre petit être dans un lit qui est devenu son monde. Christine Salvador nous parle en effet de cet univers des derniers jours avec amour, sens pratique et des mots si vrais qu'ils ne trompent jamais : nous sommes ici dans la vérité pure de l'expérience juste. En cela, elle nous donne un grand livre de compassion et de sagesse qui nous permet non seulement de comprendre mieux les arcanes d'un domaine mal connu, car nous évitons la plupart du temps de l'appréhender (sinon contraint et forcé par les circonstances), mais qui nous donne aussi de multiples clés de comportement, ainsi que de véritables outils pour l'aide psychologique et physique afin de savoir accompagner quelqu'un dans ses derniers jours (qui peuvent être des mois), et ses derniers instants jusqu'au deuil, qui se révèle aussi une autre profonde aventure. Il faut lui dire merci pour ce partage d'expérience qui est un formidable cadeau de vie car il nous révèle aussi à nous-mêmes ! Et nous fait voir l'acte de quitter la vie avec un regard métamorphosé.

Marc de Smedt

Avant-propos

C'est à la suite des nombreux accompagnements de fin de vie réalisés dans un cadre personnel ou professionnel que le besoin, le désir, l'envie de me lancer dans l'écriture de ce livre sont devenus évidents pour moi.

La source de ce travail est basée sur des expériences vécues, une recherche personnelle, la théorie et surtout la pratique au fil du temps. Je suis une autodidacte.

Infirmière de formation, j'ai travaillé en clinique et plus tard en profession libérale, ce qui m'a permis de comprendre que ce métier était bien ma vocation. J'ai trouvé cette profession merveilleuse mais à l'époque, je ne me focalisais que sur la pathologie. Je me suis vite rendu compte que ce n'était pas suffisant pour moi ; j'avais toujours le sentiment de ne jamais avoir assez de temps avec les patients. Après une grande remise en question, j'étais intimement persuadée qu'il existait d'autres façons de soutenir, d'accompagner, d'entrer en relation de confiance avec une personne en bonne ou mauvaise santé. C'était l'Être dans sa globalité qui m'intéressait. Je me suis donc spécialisée dans la relation d'aide thérapeutique et suis devenue, aujourd'hui, après trente ans d'expérience, une professionnelle de la santé, une somatothérapeute, une psychothérapeute, ce qui correspond pour résumer, à de la thérapie psycho-corporelle. Si je devais qualifier mon activité, je dirais que je suis une archéologue du corps… C'est au cours de toutes ces expériences vécues dans mon cabinet, en institutions ou à domicile que j'ai décidé d'organiser des stages pour partager mon savoir et mes connaissances, pour transmettre, passer le flambeau, aider à décrypter les liens du corps, de la psyché et du cœur. Dans cet ouvrage, je vais donc tenter de définir ce que j'ai vécu pour donner aux accompagnants, aux proches, peut-être des moyens de mieux vivre l'accompagnement de la vie pour ceux qui la quittent. Accompagner jusqu'à l'ultime passage celui ou celle qui abandonne tout ce qui fut son univers est une mission exceptionnelle. Et une expérience éprouvante qui doit être vécue par tous au plus juste. Pour mener à bien cette mission, il est primordial d'apprendre à être impliqué totalement dans ces instants, sans se perdre pour autant. Ce travail demande de respecter des règles, des acquis, d'avoir du discernement, de la confiance, de l'écoute et de l'attention.

La mort fait partie intégrante de la vie. Chaque épreuve de perte nous apprend à mourir. Mort et vie se tiennent ensemble, main dans la main. Il n'y a pas de vie sans mort et la fin de la vie est aussi un temps de vie à part entière, qui peut se vivre avec une intensité inédite et qui s'accompagne jusqu'au bout. C'est pourquoi, il est primordial d'être informé pour entourer les personnes en fin de vie et leur permettre de vivre cette période dans la dignité.

Je souhaite que mon livre puisse apporter une aide pour mieux vivre ces moments particuliers.

Comment tout a commencé
Le destin...

Après avoir vécu quinze ans en Afrique, je me suis sentie désorientée lors de mon retour en France. Je devais tourner une page de ma vie et poursuivre mon chemin. L'expérience de ce que j'ai vécu là-bas reste inoubliable.

Comment me donner les moyens de revivre en France avec une mélancolie à fleur de peau ? Plus le même regard. Tout était différent évidemment, les gens, les rythmes, la nature et j'avais beaucoup de mal à me réadapter ; il fallait me structurer. Je me suis donc donné une année sabbatique.

J'ai alors décidé dans un premier temps, d'aller passer six semaines en retraite au couvent Saint-Maron d'Annaya au Liban, en conscience et dans un jeûne total, ne buvant que de l'eau chaude. L'appel à cette vie spirituelle fut le plus grand cadeau pour m'aider à me retrouver. Cet état de recueillement face à moi-même et ma quête spirituelle étaient très forts. Je savais que cette retraite m'était bénéfique sur tous les plans. Silence, marche, prières, écriture me redonnaient la force de vivre. Mes semaines étaient rythmées de messes et d'entretiens quotidiens avec le moine supérieur du couvent. J'allais marcher six à sept fois par jour vers l'Ermitage où avait vécu cet ermite ivre de Dieu, Saint-Charbel. (1828-1898). Je vivais dans un état de prière constante guidée par Saint-Charbel. Il était là en cadeau.

De retour chez moi, je ressentais une grande paix intérieure, je n'avais plus peur du monde qui m'entourait. Ma construction professionnelle s'installa au fil du temps et porta ses fruits. Cependant, je conservais le besoin de me ressourcer pour garder cette ouverture du cœur et cette paix profonde que j'avais acquises au Liban. Je découvrais avec bonheur le Monastère de l'Épiphanie à Eygalières où j'allais en retraite une semaine par mois pendant des années. J'y rencontre Sœur S., précieuse par son accompagnement, son soutien et son amour. Elle m'a aidée à rester sur ce chemin d'ouverture du cœur. Cet État de Grâce, si présent encore aujourd'hui, ne me quitte pas et m'aide à me rendre digne d'accueillir la foi qui est en moi.

Par la suite, ma vie professionnelle intensive et mon énergie m'ont fait rencontrer des clients en santé et en maladie qui sollicitèrent ma présence et mon aide.

C'est à cette époque qu'un médecin me téléphona pour me demander de prendre soin de T et JP, tous deux atteints du virus de l'immunodéficience humaine (VIH). Étais-je si vite prête en mon âme et conscience et suffisamment solide pour accompagner des personnes en fin de vie ? J'accepte néanmoins d'aller rencontrer ces deux personnes avec l'accord du médecin et de me présenter à eux. Je connaissais cette maladie en Afrique comme infirmière, mais ne sachant pas à quel stade de la maladie se trouvaient T et JP, je me sentais bouleversée.

Oui, chaque personne est unique et particulière avec sa maladie ; j'avais le devoir de m'adapter à eux, à leur maladie, à leur personne, à leur environnement.
J'avais la nécessité de faire des propositions de travail corporel ; c'était peut-être un travail à long terme ou à court terme. Cela a duré sept ans. Je me rendais disponible au quotidien et cela pouvait durer une heure comme une journée mais cela n'avait pas d'importance, car dans ces moments, le temps s'arrête et le fait de me consacrer à eux avec cette intensité ne me pesait pas et c'était mon choix. Bien sûr, il y avait toute une équipe autour d'eux puisqu'ils avaient fait le choix de rester à domicile : médecin traitant, infirmière et masseur kinésithérapeute. Mon travail consistait à être dans l'écoute de leurs besoins et de vivre ces instants avec eux.

Ma présence auprès de T et JP, sans fuite, sans lâcheté, me permettait d'affronter l'infranchissable et l'incompréhensible face aux corps souffrants. Toucher le corps en souffrance, fragile, vulnérable, faible en raison de leur état physique, émotionnel et psychologique, ne m'inspirait aucune réticence et j'essayais de répondre au plus juste et au mieux à leurs besoins : prendre le temps d'un soin corporel, ou d'une lecture (un chapitre d'un livre… oui car T était aveugle), et heureuse même de préparer une petite collation de douceur car l'un et l'autre par moment n'avaient pas la force de préparer les repas.

L'approche corporelle avec des gestes lents et très doux les reposait, les apaisait. Prendre soin de leur personne avec la maladie, c'est respecter leur cheminement. Cet échange créait comme une présence et rien ni personne n'interrompait cette grâce ; oui pour moi c'est une grâce ; mes mains savaient écouter leurs corps et je me laissais guider dans ce mouvement d'attention particulière et chaque fois que je les quittais physiquement, je savais que j'étais reliée à eux jusqu'à leur dernier souffle. Et tous deux sont morts dans mes bras à un an d'intervalle. Merci de votre confiance T et JP.

Ma responsabilité de thérapeute était aussi de toujours trouver la bonne distance, m'obligeant à ne pas confondre, ne pas chercher la fusion qui allait vers la confusion. Pour cela évidemment, un suivi thérapeutique pour moi aussi était plus que nécessaire. La relation à moi-même était bouleversée dans tous les sens du terme et m'obligeait également à prendre soin de moi, ce que nécessite tout accompagnement.

Savoir comment l'organe physique du cœur est fait m'intéresse, mais je sais que ce savoir intellectuel ne me permet pas de vivre l'amour, qui est en essence au-delà du mental et de l'ego. Cela m'a amenée à plus de cohérence, de raison dans ma démarche, à permettre au réel d'être ce qu'il est : la réalité du présent et non les projections dans l'illusion passée ou future. Ma quête peut apprendre à aimer si je comprends qu'elle n'est pas là pour s'imposer, mais juste être et partager mon chemin.

Pendant ces années auprès de T et JP, et grâce à cette première expérience j'ai décidé de suivre deux formations sur « l'accompagnement en fin de vie ». Cela m'a aidée à trouver ma place, facilement. Ma foi et mon dévouement authentique auprès de personnes tout au long de ces années restent intacts. La relation d'aide, précieuse pour ces individus qui me font confiance rend un immense hommage à tout ce processus d'échange respectueux. J'étais disponible. C'est dans cet état d'être que je soutenais mes clients, lors des séances individuelles à mon cabinet, en institution et à domicile. Je les aidais à vivre dans l'instant avec leur corps, leur psyché et leur cœur. C'est évidemment une globalité. Aider l'autre à lâcher le connu pour aller vers l'inconnu...

L'accompagnement, fait en confiance, aboutit avec le temps à une relation durable et fiable. Les années passaient en travaillant énormément avec une énergie formidable et je renouvelais souvent ces expériences d'accompagnement. Tout se passa ainsi, de la façon la plus naturelle qui soit, jusqu'au jour où, en l'espace d'une année, les accompagnements se sont intensifiés : treize en tout.

Pendant cette même année, où j'accompagnais plusieurs de mes proches et clients en fin de vie, je me suis retrouvée deux fois de suite, à six mois d'intervalle, aux urgences de l'hôpital.

Pour mon propre cas. A ma première visite aux urgences, mon cœur battant la chamade. L'infirmière me fit passer un électrocardiogramme (tracé papier de l'activité électrique du cœur). Je sentais les extrasystoles arriver, ce qui est normalement impossible. L'infirmière mettait cet état sur le compte d'angoisses et me proposa comme seule solution de me prescrire des anxiolytiques. Je refusai, j'étais intimement convaincue que ce diagnostic ne me correspondait pas. Je signai une décharge et rentrai seule malgré mon cœur battant. J'allais demeurer dans cet état pendant une semaine, jour et nuit.

J'avais l'impression que mon cœur voulait exploser, s'agrandir, cherchant encore plus de place dans l'espace intérieur. J'avais besoin d'être rassurée et je me suis tournée vers trois personnes en qui j'avais totalement confiance : N. pratiquant la méditation, A. qui est psychothérapeute et Père P. du Monastère de

L'Épiphanie, qui savait de quoi je parlais. Tous les trois m'ont évoqué l'ouverture spirituelle du cœur profond. La légèreté de tout mon être, un confort absolu et sans limites me faisaient sentir que mon corps et mon cœur se présentaient à moi d'une toute autre manière. J'avais tellement confiance. Ma sensibilité et ma perception pour les autres et moi-même se faisaient dans la douceur. Je n'avais pas peur. Et cet état de Paix intérieure... ne me quitte plus. Après cette expérience venait la place aux larmes de la joie.

Depuis cette expérience corporelle, mon ressenti est plus fort et plus présent face au monde, je suis face à des phénomènes inconnus de moi-même et qui vont au-delà de ma compréhension. C'est comme s'il n'y avait plus de séparation entre moi et le reste du monde. Tout est relié.

Je ne me l'explique pas encore, mais est-il nécessaire de poser des mots sur ces états ? Je les vis simplement et les ressens. Je suis instinctive et altruiste. Ce que je perçois du monde et de mes pensées n'est pas transmissible. Mon ouverture du cœur et ma capacité d'Aimer se sont agrandies encore et encore du plus profond de mon être et m'inspirent des actes de bienveillance pour tous les êtres, mes ami(e)s, mes clients, dans un partage naturel. J'accueille cet état avec une plus grande tranquillité intérieure. Cette lumière-vérité est disponible en totalité et maintenant j'ai pris conscience de sa nature spirituelle. Et mes larmes sont de consolation et de réconfort... Treize accompagnements en une année... Ce fut une incroyable expérience, avec des personnes plus ou moins proches, des clients et parmi elles, de très chères amies de trente ans... Après tous ces accompagnements, je me suis aperçue que la réalité de mon vécu était devenue bien différente et que je me retrouvais dans un épuisement physique, émotionnel et spirituel. J'avais l'impression d'être essoufflée, je ne dormais plus et je perdais l'équilibre. J'ai vécu chaque jour en deuil, jour après jour sans voir la lumière. Le chagrin de ces pertes était douloureux et rien ni personne ne pouvait atténuer ma tristesse. La souffrance que je vivais au fond de moi-même était insupportable. Ces blessures invisibles et persistantes m'empêchaient de retrouver goût à la vie, et me demandaient un très long chemin de réconciliation. Tant de questions sans réponses...

La perte de ces êtres chers m'a fait vivre six mois de cris intérieurs, de douleurs du corps, de l'âme et du mental, où tout fait mal : l'insupportable. Je réalisais qu'à l'avenir, je ne pourrai plus marcher à côté d'elles, avec elles et croyais avoir perdu à tout jamais ma joie de vivre. Je n'avais plus d'équilibre. Elles n'étaient plus là ! Malgré les aides extérieures et un besoin de repos absolu, mon corps ne pouvait plus avancer ; je tombais à chaque fois sur les genoux, comme si j'étais en prière en levant les bras au ciel, « priant pour que mon Âme soit sauvée ».

Je ne réalisais pas mon état de fragilité. Une année d'insomnie : il fallait à tout prix que je dorme et que je prenne un traitement pour récupérer. Et ce qui devait arriver est arrivé. Une chute dans l'escalier en pleine nuit sans dégât physique... et comme je continuais à avoir des vertiges et tombais, j'ai consulté un médecin ORL pensant que j'avais un problème dû à l'oreille interne. Le résultat fut négatif. Je revis mon médecin car je ne pouvais plus marcher et perdais l'équilibre à nouveau. Â l'hôpital, un scanner a permis d'identifier un accident vasculaire cérébral.

P., par son interprétation particulière des scanners cérébraux, a pu relier la localisation de la souffrance cérébrale à la zone des deuils. Mon cerveau matérialisait mon vécu émotionnel.

Il faut beaucoup de temps pour reprendre le souffle et le goût de la Vie.

Renaissance... J'avais besoin de repos intérieur et extérieur, le réel besoin d'écouter dans mes moindres cellules de vie ce qui circulait en moi. D'habiter mon être et de retrouver une présence chaleureuse et douce envers moi-même. D'agrandir cette force qui ne demande qu'à revivre. Le souffle de mon être. La nature, le calme ; écrire, prier, méditer ; à aucun moment je n'ai arrêté d'aller au Monastère. Le cœur priant, mes chaudes larmes de consolation me donnaient la chaleur de mon corps glacé. Je ne devais plus résister à cette étape, mais plutôt vivre, accepter en humilité ce que je vivais, et prendre soin de moi. J'ai compris qu'à partir de là, ma vitesse au quotidien ne devait plus être la même et que dans ma vie professionnelle, devait se faire plus doucement encore et encore. J'ai compris que mon corps avait besoin de temps pour calmer et enrichir cet acquis. Ma force de Vie, et l'écoute des autres, assistée par « mes anges gardiens » qui m'ont soutenue dans toute cette période m'ont permis de m'en sortir. Ce fut une année sans répit. Difficulté de trouver mes mots. Mon esprit flanchait, ma mémoire était endormie, comme si ce que je vivais devait se faire en silence. Mon corps n'avait plus mal. Absolument incroyable. Malgré tout, je me suis tenue debout et j'ai continué à avancer. La plus grande tranquillité intérieure est survenue.

Je suis redevable à la vie.

Je ne soupçonnais pas ma force ; elle m'a permis de rester en paix au fond de mon cœur, heureuse de me sentir mieux dans ma peau et plus solide. Je réalise que j'ai vécu « l'expérience du vide » qui m'a appris à aller vers l'essentiel et ce qui me paraît juste. C'est grâce au soutien de M. médecin, de S. psychologue, de C. médecin ostéopathe, et aux entretiens avec Père P., que j'ai été sauvée et suis restée vivante.

Ce fut une très longue période de difficultés pour me retrouver et vivre. Il m'a fallu beaucoup de courage pour rester en vie et j'avais confiance. J'ai tant donné, oui osé l'Amour immodérément. Osé sans doser. Et il a fallu cela pour me rendre compte de ce qui est grand en moi. Aujourd'hui, je suis enfin sortie de mon burn out. C'est mon expérience de vie.

Je reste un pèlerin dans l'âme et j'ai trouvé ma place dans le monde. Je suis témoin de l'Amour et je suis accueillie par Sa Parole. Car à aucun moment je ne me sens seule. Je n'ai jamais perdu confiance en moi-même pendant ces périodes bien particulières. Au contraire, la confiance s'est amplifiée. C'est comme si je savais que c'était avec le Cœur profond que je pouvais accéder au centre et au cœur de ce qui devait se vivre. Et c'est dans cet espace intérieur si vaste que je suis au service pour les autres en tendresse et avec tout mon amour. Je verse les larmes de Beauté.

Les larmes sont le résultat de ce que je ressens au plus profond. La beauté du monde, de l'univers réel, des humains. Depuis lors, au quotidien et dans ma vie professionnelle, je reçois l'autre pour l'accompagner jusqu'à ce qu'il ressente la Paix et l'état de sérénité dans lequel je me trouve.

L'expérience de l'accompagnement de la vie pour ceux qui la quittent pourrait être illustrée par un entonnoir qui devient de plus en plus étroit et qui permet à la personne d'aller à l'essentiel. Je viens vers eux en Paix. Quand j'accompagne une personne, c'est comme si je percevais le monde d'une autre façon, sachant pourquoi je suis là. J'ai ma place. Beaucoup de personnes témoignent en me disant « ah, vous êtes là ». Car il s'agit de ce rythme intérieur, de l'écoute, où tout est relié même avec le monde. Je viens dans la Paix. Cependant, pour atteindre cet état particulier, tout n'est pas facile, il m'a fallu faire des choix, des concessions. Depuis que je suis enfant, j'ai toujours appris à avoir une certaine discipline, une tolérance et une vigilance et cela m'a beaucoup aidée. C'est devenu un état naturel chez moi. Vivre et accepter l'autre tel qu'il est, car je n'ai aucun pouvoir sur lui, c'est simplement offrir cet espace de tranquillité qui sera le sien. Rester authentique, je le fais avec mon cœur. Chaque fois que j'ai pu me mettre au service des êtres, j'ai pu témoigner que ce sont eux qui m'ont guidée. Perdre un être cher fait grandir en moi la compassion, la générosité, m'aide à trouver ma juste place et à reconnaître tranquillement qui je suis. L'empathie dans laquelle je me trouve me donne les moyens de comprendre les sentiments et les émotions de la personne. En vivant dans cette Présence, les peurs de l'autre disparaissent car moi-même je n'ai pas peur. La confiance dans cet instant est si présente, que le négatif se dissout pour laisser la place au positif.

Un accompagnement se vit au quotidien à chaque instant, à tout moment, tous les jours. J'observe cette expérience depuis des années. C'est un état d'esprit qui m'habite au plus profond de moi-même et cela depuis si longtemps. Pour moi l'accompagnement est aussi un moyen d'accéder intégralement au cœur de l'être et de me mettre au service de cette intention là, même si par moment c'est difficile et laborieux.

Mes larmes aujourd'hui sont la réconciliation avec moi-même... donner sens à ma vie.

J'ai choisi d'être bien.

Hommage...
Aider, perdre, grandir, assumer les difficultés et les deuils de la vie

Il me tient à cœur de rendre hommage à tous les êtres qui ont été importants dans ma vie.

Nous nous sommes tant donné mutuellement.

J'ai besoin d'être sereine et en accord avec moi-même, de me sentir juste pour respecter la personne qui est en face de moi.

Mon humilité si sincère et profonde me procure beaucoup de joie.

Il y en a eu beaucoup depuis trente ans, ce sont aussi bien des clients que des ami(e)s.

Stanislas Grof écrit : « Ce "mourir avant de mourir" a deux conséquences fondamentales : il nous libère de la peur de la mort et change notre attitude face à elle… il transforme aussi notre façon d'être au monde... L'ouverture à une spiritualité de type universel et non confessionnel constitue une autre conséquence importante du fait de se libérer de la peur de la mort ».

Les êtres que j'ai assistés étaient des êtres merveilleux. Partager leur histoire, leur vécu, un espace de leur vie m'a remplie de richesses. Mes ami(e)s que j'ai accompagné(e)s pendant toute leur vie et certain(e)s jusqu'à leur dernier souffle m'ont fait confiance et cela me procure encore beaucoup de joie. Au cours de ces échanges, la paix s'est installée chez eux et chez moi, un souffle aux rythmes de bienveillance. J'ai fait confiance aux forces de ces personnes jusqu'au bout, en notre relation fidèle, en l'amitié, en toute humilité et tendresse, et j'ai été et ne demande qu'à être là, en cas de besoin. Je ne les oublie pas, ils font partie de ma vie.

Quel bonheur d'être sur cette terre. C'est encore un cadeau et je vous en remercie.

Je peux témoigner, grâce à tous ces instants vécus, qu'à leur façon, ces êtres là m'ont accompagnée eux aussi dans ma vie. Merci.

S'il faut une sage-femme pour mettre l'Homme au monde, il faut aussi des « Passeurs », hommes ou femmes Sages, pour l'accompagner dans ce monde et l'aider à bien le quitter.

Accompagner en conscience des personnes en fin de vie, c'est s'engager dans un mouvement de société qui transforme à la fois personnellement et collectivement et développe l'Amour pour la Vie.

La capacité de vivre avec le cœur profond donne du sens à mes valeurs ultimes et profondes. Un sens qui va au-delà de soi.

Pour moi, cela ouvre à l'altruisme, à l'humilité, au dévouement, à l'amour des êtres humains, des êtres vivants, de la nature, du cosmos et du divin.

La foi me réconcilie avec le Créateur. C'est un amour inconditionnel.

Je tiens à rendre hommage à tous les soignants, accompagnants et familles, car c'est une partie de la vie qu'ils offrent en dévouement et générosité.

De l'endroit où je me trouve et cela depuis bien longtemps ce qui me tient à cœur, c'est de poser et déposer un acte symbolique ; je plante dans mon jardin, soit un arbre ou une plante dont je prends soin.

J'ai fait de mon mieux. Je n'ai aucun regret.

Quelle liberté !

L'accompagnement est une posture et une attitude

Q'est-ce qui est juste, à l'amélioration de l'être humain dans ce moment-là !

C'est dans le calme et la confiance que sera votre force.
Esaïe 30,15

C'est donner sens à la vie et tout peut évoluer, c'est encore un émerveillement.

Je dois reconnaître que cela demande beaucoup de temps, de confiance, de patience et de discernement. Je me sens proche de ceux qui souffrent.

Les relations humaines, le pouvoir de la parole, de l'écoute attentive et de la présence ont des effets mystérieux et souvent puissants.

L'effet de l'espérance est étonnant, dynamisant, revivifiant et revitalisant.

L'accompagnement est une **posture professionnelle** et une **attitude**, une manière d'être. C'est un choix, une fonction au cœur de laquelle je prends le risque de rester en relation. Ce choix personnel relève de l'éthique.

Accompagner, c'est s'inscrire dans la vie de l'autre en écoutant, en regardant cette vie en face et en reliant l'autre à d'autres : famille, proches, corps médical, équipe soignante.

La **posture** d'accompagnant suppose ajustement à l'environnement et adaptation à la qualité, relationnelle pour accueillir l'autre en tant que personne.

Accompagner, c'est marcher avec la personne, servir l'autre sans tout savoir, sans tout pouvoir, sans tout conduire.

L'**attitude** c'est « l'état d'esprit ». C'est une prédisposition mentale à agir de telle ou telle façon. Elle désigne surtout une intention et n'est donc pas directement observable.

L'attitude est un concept indispensable dans l'explication du comportement social et une notion nécessaire dans l'explication des réactions devant une tâche.

La **relation d'aide** demande de l'écoute, du respect de la personne aidée, de l'acceptation de sa personne « telle qu'elle est », en excluant tout jugement, du souci de laisser à la personne sa conscience, sa liberté de jugement et de décision.

« Où est le juste ? »
Demandait l'enfant qui ne trouvait autour de lui aucune réponse à ses interrogations.
Aurait-il fallu lui dire que le juste est un moment fragile entre clarté et ombre, entre chaud et froid, entre injustice et équité ? Fallait-il lui révéler que le juste est un instant d'étonnement entre certitudes et doutes, entre demandes et réponses, entre oui et non ?

Faudrait-il lui permettre de sentir que le juste est dans l'accord infime de deux regards, dans l'écoute centrée, dans le don le reçu partagé ?
Serai-il nécessaire de l'éveiller à entendre que le juste est une recherche ardente jamais achevée, toujours poursuivie aux dérobances de la vie ?
Et peut-être lui chuchoter que le juste est dans un abandon, un lâcher-prise quand nous savons l'accueillir.
Qu'il est aussi, le juste, dans ce bien-être soudain de l'imprévisible, étonné de se sentir bon, réel, entendu, reconnu, là où nous sommes.
De sentir aussi que le juste est une quête vers le meilleur de l'autre et de soi pour plus d'unité et de plénitude.
Jacques Salomé

Les témoignages

Femme aimante...

Une relation d'enfance avec E. Nous avons rencontré et partagé des moments de découverte de la vie et ne nous sommes jamais quittées du cœur, peut-être séparées par les kilomètres mais cela n'avait aucune importance. Elle avait sa vie de femme, de femme mariée, ses enfants et son travail. Elle était très active et aimant la vie.
Moi également très active et pèlerin dans l'âme, j'aimais le voyage, mariée également et vite dans la vie active.
Rien ni personne ne pouvait rompre cette relation si forte et puissante, nous partagions des moments d'intelligence, des moments de bonheur et de malheur, des moments de rire, de tristesse, de joie, de pleurs, de telle complexité et de complicité. C'est la relation que nous avions ensemble de proximité, d'amitié. Tant de moments partagés. Elle était pour moi une joie de vivre, un tel souffle de vie. Notre relation installée et confortée par toutes ces expériences, nous étions en confiance et conscientes de pouvoir la vivre et cela était du registre de l'extraordinaire. Facile.
Elle avait quelque chose en plus, la maladie.
Sa maladie a duré six ans.

Nous avions un accord mutuel de prendre soin l'une de l'autre, de la relation qui nous unissait et qui nous habitait, que nous voulions continuer à honorer malgré ce que nous avions en plus ensemble. L'amour. L'augmenter et l'honorer.
Et nous voulions les espaces temps pour nous voir une fois ou deux par an.
Comme disait si bien E. : "l'amitié longue durée".

L'amour pour la vie et pour tous ces instants qui étaient les nôtres. Nous avions une relation de "privilège" comme on dit.
Un jour à sa demande, suite au long traitement de sa chimiothérapie lourde et difficile et de retour à sa maison, elle m'invite à venir à son chevet pour prendre soin d'elle et d'être avec elle. Bien sûr, son mari et ses enfants étaient d'accord.
J'organise mon voyage pour avoir le temps nécessaire. Notre voyage au cœur de son état était là, bien dans la réalité de ce qu'elle vivait et c'était très difficile. A son chevet, à tour de rôle, un réseau naturel, soit de la famille, des amis, pouvait lui faciliter la tâche. C'était difficile pour moi, mais aussi difficile pour elle et son entourage.
Ma responsabilité face à E. était d'accepter de l'accueillir avec tout mon amour, telle qu'elle était dans ce corps souffrant et sa beauté intérieure. Je faisais du mieux que je pouvais en rendant hommage à ses besoins, ses désirs, ses attentes, prenant soin d'elle avec amour et respect, en touchant son corps fragile, en lui apportant un confort corporel. C'était de toute beauté, mais cette beauté là était bien au-delà de ce que je voyais, je ne voyais pas le corps souffrant, mais la grande dame qu'elle était. Courageuse, sensible, généreuse et attentive encore au moindre souffle de la vie.

Nos regards, nos amours infinis de grâce et le cœur profond, nous inondaient sans mots dire. C'était cela, oui.

Mon amie, ma fidèle amie, était là avec sa maladie. La transparence car il s'agissait d'elle, et l'amour que j'avais pour elle était bien plus que de l'estime. De retour chez moi. Le coup de main par téléphone, l'écoute suffisait à E. pour se sentir rassurée.
Elle me disait à la fin de sa vie,"tu sais il ne reste dans mon cœur que de l'amour et cela me suffit". E., en me chuchotant les instants profonds par téléphone, d'une phrase ou de plusieurs phrases, je sentais que son départ était imminent. Et elle se sentait partir. Les phrases profondes lui permettaient d'aller jusqu'au bout de son souffle.

Merci E.

Robuste...

La relation amicale, profonde et sincère, de longue date, était grande et chaleureuse avec R. Elle nous donnait à toutes les deux de grandes complicités de femme, d'amitié et nous partagions du bon temps. Nous mettions l'une et l'autre la disponibilité nécessaire pour nous retrouver. La tendresse profonde et respectueuse nous permettait de nous dire les choses en grandes complicités. Elle, de part sa vie de femme travailleuse, active et robuste.

Et soudainement la maladie est venue l'envahir dans son corps. L'espoir lui faisait chercher des situations ou des évènements sur sa vie, cherchant des moyens médicaux, et paramédicaux pour transmuter et comprendre ce qui passait en elle. Mais elle ne baissait jamais les bras. Opération, traitement, récidive, et toujours la "paysanne" comme disait sa grand-mère, continuait à avancer et trotter. R. a été a la hauteur de sa vie.

Remarquable.

Souvent de la joie et de la bonne humeur.

En toute discrétion, elle s'en est allée les derniers mois de sa vie se reposer auprès de sa sœur M. à la montagne, elle n'arrivait plus guère à trotter sur les chemins. Elle demandait de l'air et du silence, juste cela. M., sa sœur, de grande affection par la filiation et par l'amour qu'elles avaient toutes les deux, l'une pour l'autre. Ne pouvant plus la garder à la maison en montagne, R décide d'aller se reposer auprès de sa fille P. et ses petites-filles. Elle se sentait de plus en plus fatiguée et avec l'accord de sa famille, décida de se faire hospitaliser dans une unité de soins palliatifs.

Bien sûr que la R. je ne la quittais pas, du cœur, de la relation possible du moment et avec la famille.

Sa fille me téléphona pour me dire que R. était en soins palliatifs et me demanda de venir. Je suis présente le lendemain dans sa chambre. Sa fille P., sa sœur M. sont rassurées de me voir. Je leur suggère doucement de se restaurer et leur dis que tout va bien, je reste auprès de R.
Elle était belle et sereine et bien présente.
Je l'écoute dans son souffle, la regarde et pose ma tête sur son épaule, à genoux à ses côtés et de la voir est une immense joie. Je lui dis encore combien ma vie auprès d'elle était grandiose et formidable, je lui dis que tout va bien, qu'elle a été à la hauteur de sa vie et qu'elle peut et a le droit de s'en aller.
Deux heures après son dernier souffle, je suis partie.

Merci R.

Souriante...

A la demande de l'association pour les soins palliatifs dans laquelle j'interviens, la psychologue me téléphone, me demandant si je peux aller voir Monsieur P. à son domicile.
Je prends rendez-vous pour la première fois et la dernière, avec Monsieur P.
Monsieur P. m'accueille avec sourire et bienveillance, son fils étant témoin de notre rencontre.
Je lui dis pourquoi je suis là et je lui fais des propositions de confort corporel. Simplement.
La relation est confiante et pourtant je ressens ce Monsieur tendu et perdu.
Une souffrance psychologique était palpable.
Je vois à la grande surprise de son fils que Monsieur P. accepte et me dit "pourquoi pas".

Nous allons dans sa chambre, Monsieur P. m'explique son état de santé, où il en est avec cette maladie. Son traitement contre la douleur, les actes médicaux, deux fois par jour la réfection de pansement par l'infirmière.
Il est dans un état de souffrance psychologique et se sent diminué et inutile.
Ce qui m'a touché chez cet homme, c'est sa sincérité à me dire les choses. La confidence se fait en chuchotant.
Il est lucide : la veille, son cancérologue lui annonce le diagnostic fatal. Il me dit : Vous vous rendez compte, la phrase choc ! "il n'y a plus rien que je puisse faire à présent pour vous, rentrez chez vous".
Il n'y a rien à dire, je suis évidemment consternée.

L'attention au corps et l'attention au souffle permet de développer l'intériorité et la détente. Aussi est-il attentif à mes propositions, l'engagement de soi me responsabilise. Ma présence est sincère et peut enfin se vivre, le présent dans le présent.
Je lui demande quels sont les endroits ou les parties de son corps qui auraient peut-être besoin d'être massés, soulagés, réconfortés.
Il me parle des endroits qui lui sont désagréables et inconfortables.
Je lui propose en douceur, car ce monsieur est cet état de douceur, je m'adapte à ce qu'il est et vit dans cet instant-là.
Il s'allonge sur son lit et se place sur le côté confortablement installé, je lui masse le dos, il sent une tension dans cette partie du corps.
L'angoisse est palpable.
Juste au moment où je commence à prendre contact avec son corps dans la douceur, ne perdant pas l'état dans lequel il est, le geste provoque la parole de trois heures, confiant ce qu'il a sur le cœur, le besoin de pleurer toutes les larmes de son corps, besoin de libérer sa souffrance psychologique.
Il me raconte son histoire, sa vie. Il vit ses deuils. L'abandon et le contact physique avec un seul geste a suffit pour cet homme d'ouvrir son cœur ? Et de laisser la place à la parole.
Passage incontournable de l'annonce "du Mourir" de comment et pourquoi.

En silence et en tranquillité intérieure, je suis présente pour lui. Je suis restée avec lui le temps nécessaire, plus de trois heures à l'absorption de toutes ces angoisses Il s'est endormi paisiblement. Je peux maintenant le quitter.

Son fils est soulagé, son père n'avait pas parlé de ce qu'il vivait depuis la mort de sa femme le mois précédent, l'annonce de la maladie et ce qu'il subissait. Je fus témoin de cet état de souffrance.
Il est mort la semaine suivante.

Merci Monsieur P. de m'avoir fait confiance.

La vie du malade d'une même voix

La personne est au centre. Une bonne écoute est un besoin ; elle a besoin de paix et de tranquillité, vu son état d'agitation intérieure. Le temps donné à l'autre, c'est une parcelle de notre temps qui ne correspond absolument pas à la réalité du temps de la malade. Notre temps doit s'ajuster sur celui de la personne qui est en train de vivre sa fin de vie.

Ces moments passés à son chevet sont si précieux. Ils sont remplis d'attention, de disponibilité intérieure et extérieure, de respect et de silence. La qualité de présence passe par la potentialité de supporter le silence, sans se laisser envahir par les émotions. La prise de conscience de notre vie intérieure peut favoriser une attitude d'ouverture, une dimension de relation d'aide de qualité.

Il est essentiel de laisser vivre au malade sa dimension d'être humain et de respecter ses désirs, ses espoirs... Notre qualité de présence va déduire dans ce partage, dans cet échange le respect du mourant dans sa dignité d'être humain encore vivant. Même si la condition d'existence est bouleversée de toute part.

La pyramide de Maslow peut servir de trame pour suivre le cheminement de sa vie terrestre finissante. Doucement mais sûrement, disparaissent les uns après les autres les besoins fondamentaux qui reposent d'abord sur des facteurs d'hygiène :

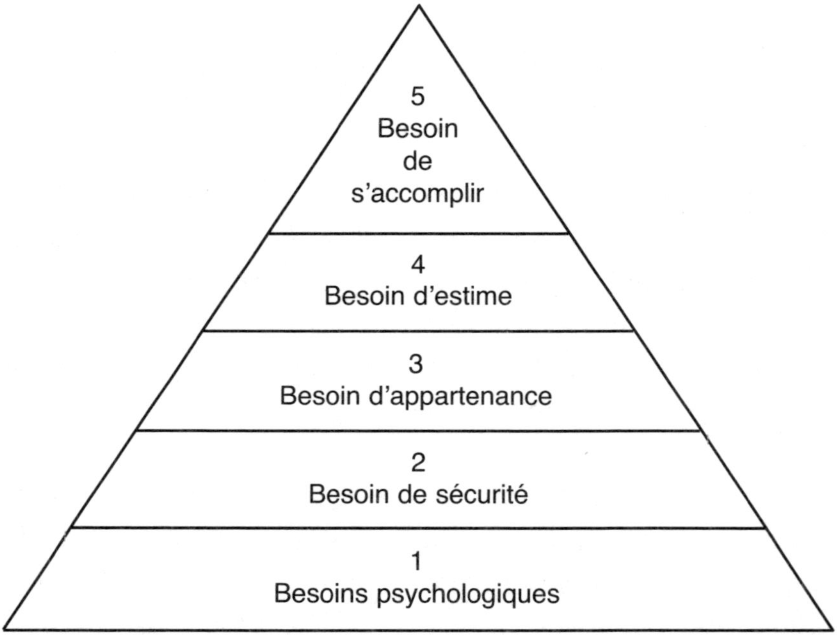

1. Les besoins physiologiques

L'espace et le temps qui s'échappent

L'univers du malade en fin de vie est réduit aux quelques mètres carrés d'une chambre d'hôpital ou de sa chambre au domicile. Peut-être un coin de ciel avec une fenêtre, si la vision le permet encore.

Un jour, madame C., regardant par la fenêtre de sa chambre et voyant des personnes se promener, me dit : « Ils ont de la chance eux, ils peuvent marcher. » Ses yeux sont remplis de larmes. Derrière ces quelques mots, apparaît une montagne de souffrance et de regrets, de libertés disparues à jamais, envolées. Cette phrase récurrente exprime sa désolation, son inaction quotidienne, une profonde détresse. Pour cette personne alitée, la seule action qui reste encore envisageable est de pouvoir attraper son verre, son livre ou la sonnette d'urgence.

Le malade connaît par cœur le plafond avec ses imperfections, le décor des murs avec ses couleurs, les photos de famille figées sur un instant du passé. Par exemple, en service de gériatrie, une personne âgée voit face à elle 24 heures sur 24, dans son cadre, la photographie du pape, celle de la Vierge ou le canevas cousu il y a déjà bien longtemps ! Elle reconnaît les bruits du couloir ou de la maison. Ces pas se dirigent-ils vers sa chambre ? Oui, c'est le moment du ménage, petit moment de relation : un sourire, un petit mot avec l'employée qui s'active.

Elle retrouve régulièrement le pli du drap plié, plissé, enroulé... sous le poids de son corps douloureux qui la rappelle à l'ordre.

Sa montre, si elle peut encore lire l'heure, lui dévoile la longueur du temps où les secondes, les minutes, les heures s'égrènent avec une lenteur insupportable.

Son refuge peut être le sommeil pendant lequel tout s'arrête, mais au réveil tout recommence: le poids du drap, des couvertures, le froid ou le chaud de ce corps qui souffre. Elle peut arriver qu'elle vive alors un sentiment de frustration, de vide, de désespoir. Sa structure d'être humain s'est lézardée, atrophiée.

Ce qui faisait d'elle un individu autonome n'existe plus.

Selon Simone de Beauvoir : « Tous les hommes sont mortels mais pour chaque homme sa mort est un accident et, même s'il la connaît et y consent, une violence indue. »

Le corps qui échappe

Notre corps est notre façon d'être au monde.

C'est notre véhicule d'action dans la vie. Maintenant alité, qu'advient-il de cet être d'action ? Les fonctions autonomes d'élimination du malade disparaissent. Il doit tolérer les couches, leur change, l'impudeur de son corps offert au regard, au toucher indispensable lors des toilettes qu'il devra subir passivement, jour après jour. Ne plus pouvoir se laver seul représente un deuil à vivre, accompagné de honte et d'humiliation. Il ne peut plus vivre ces moments de relation à lui-même où son corps faisait l'objet de son attention, instant ressourçant sur le plan existentiel. Même ce moment d'intimité n'existe plus.

S'il sent ses fesses souillées, il doit patienter encore et encore, attendre le moment où cette partie de son corps sera rafraîchie. Attente ressentie par le personnel soignant si souvent en sous effectif !

Il n'a plus le plaisir de se dire « comment vais-je m'habiller aujourd'hui ? », et de chercher l'association des couleurs, des différents tissus... Les seules activités qui s'offrent à lui consistent à changer de position dans son lit, à appuyer sur une télécommande de télévision ou à parler, s'il en a encore le souhait et la force. La prise en charge personnelle de ses faits et gestes se réduisent à quelques initiatives : se gratter le visage, apporter son verre à sa bouche – et encore ! –, remonter ou repousser sa couverture... Sa liberté s'amenuise, elle va jusqu'à disparaître totalement.

À force d'être alité, tout devient douloureux, le peu d'activité corporelle réduit les mouvements de ses articulations qui s'endolorissent un peu plus chaque jour. Son corps devient raide, il s'ankylose. Sa mobilité se réduit de plus en plus, il a peur d'avoir mal dès qu'il est nécessaire de bouger ; une angoisse de plus à gérer. Pour se tourner dans son lit, comme pour redresser ses oreillers, il a besoin d'une aide mais ce changement de position étant très limité, il sera vivement ressenti comme insuffisant. Ce bien-être est de courte durée. Il éprouvera de moins en moins le besoin de bouger, par soumission... ou par souffrance physique trop aiguë.

Le goût qui échappe

Plus rien ne lui appartient. Peut-être le fait-on manger ? Nouveau moment de soumission : il mange, il doit avaler au rythme de la cuillère qui s'impose continuellement à sa bouche. Il a à peine le temps de respirer qu'une nouvelle cuillère arrive, toujours et toujours. Il est planté là, face à cette assiette qui doit se vider. Chacun de ces épisodes est ponctué d'un « allez, il faut manger ! » La nourriture lui semble sans goût, sans couleur. Son tube digestif se remplit de gré ou de force, repas après repas, vécu sans plaisir. Il n'a pas le droit d'avoir envie d'un plat précis ; ce n'est pas prévu dans le règlement, même pour une fin de vie !

L'impatience de mets délicats partagés en bonne compagnie n'est plus qu'un souvenir bien lointain, disparu pour toujours !

Madame L. me dit juste après le départ de son assiette : « Je ne sais même pas ce que je mange, chaque repas a le même goût ! J'aimerais manger une bonne soupe de légumes ! » La journée ponctuée de trois ou quatre de ces moments apparaît comme une agression subie la bouche ouverte.

Mais ces instants vécus douloureusement sont pourtant des passages obligés. Le malade doit s'alimenter ou être alimenté. Peut-être pourrait-on réfléchir aux seuls derniers plaisirs de son palais ? Et trouver quelques petits « biais » en lui demandant ce qui lui ferait plaisir. La personne vit les derniers instants de sa vie, quelle importance si l'assiette n'est pas vide. Et même si elle souhaite un verre de vin, mourrait-elle plus vite ? Cette personne est condamnée, ses jours sont comptés. On lui donnerait la sensation d'être encore vivante et de profiter de la vie encore un petit peu. Elle n'a plus droit aux plaisirs les plus simples qui passent par la bouche. Les premières sensations qu'un bébé éprouve lui sont interdites. Alors se développent, au quotidien, des humiliations et des régressions qui plongent le patient dans le désarroi. La dépendance s'installe avec son cortège de rejets, de larmes et de sentiments d'inutilité.

2. Les besoins de sécurité

Dépendance et patience

Le malade perd la maîtrise de sa vie, incapable désormais de prendre des décisions qui pourraient le libérer de ce carcan où il est désormais enfermé jusqu'à la fin. Quand nous sommes en bonne santé, si quelque chose nous perturbe, il est relativement facile de trouver des échappatoires ; il en existe une large palette... Chacun dispose d'un nombre infini de possibilités pour fuir, pour s'égayer, pour s'étourdir : voyages, sorties, frivolités diverses et variées... Le malade lui, n'a plus cette alternative, ne connaît plus le plaisir de faire des projets, du moins ceux pouvant lui permettre de s'aérer l'esprit en quittant cet endroit librement. Pourtant, il aimerait tellement que cet épisode n'existe pas. Il serait prêt à beaucoup donner pour que ce passage « déboussolant » s'arrête et pouvoir retrouver la douceur de vivre du passé encore si proche parfois et déjà si loin !

Il vit au plus près des affres de la mort, de ses espoirs déçus, envahi par l'incapacité d'agir librement. Il vit désormais « pieds et poings liés ». Il subit son mental qui n'est plus que perturbations ; il ne se reconnaît plus. Il ne se sent plus de lien avec lui-même. Pourtant il croyait si bien se connaître, si bien organiser sa vie, facilement, sans trop se poser de questions. Désormais, tout lui pèse, tout est compliqué.

Il ne peut plus rien faire lui-même. Toute sa vie est gérée par l'extérieur, le monde des autres avec leurs attitudes plus ou moins adaptées, plus ou moins agressives. Ces autres, qui font

« La pluie et le beau temps » selon leur humeur du moment, le font exister ou régresser. Les gens parlent beaucoup mais n'écoutent pas l'autre. Ils parlent pour combler les silences, pour donner l'impression qu'ils sont très détendus, très à l'aise même maintenant dans cette situation pourtant incommodante. Lui, l'être souffrant, se doit d'être aimable, par peur de la

« Punition » du soignant ou des proches agacés, parfois agressifs.

Il en est tellement dépendant ; ils sont tellement tout-puissants !

Il évite de déranger, il attend patiemment le moment opportun pour réclamer quelque chose. Il a quelquefois la sensation d'être oublié, le temps qui s'écoule semble interminable entre l'appel de la sonnette et l'arrivée du personnel soignant.

M. B. se lave encore seul, assis dans son lit. Sa cuvette, son savon, sa mousse à raser, son rasoir sont posés sur la tablette devant lui. Sa toilette terminée, il sonne pour qu'on l'aide à remettre sa veste de pyjama. Il attend puis sonne de nouveau, très mal à l'aise de devoir encore le faire. Que ce soit pour les repas, le cachet du soir ou pour son genou blessé.
M. B. se sent très souvent oublié. Seul en chambre « d'isolement », il entend les éclats de voix des autres malades qui jouent aux dominos. Cette ambiance d'à côté le tente. Il me dit qu'il aimerait bien jouer aussi ! Sa porte est fermée à cause de son problème d'immunité. Tous ces facteurs ajoutés les uns aux autres rendent M. B. quelque peu belliqueux. Un jour, à peine entrée dans sa chambre, il me lance : « L'ennui provoque la haine ! » Dans ce que je viens d'écrire ci-dessus, je ne fais aucunement le procès aux équipes soignantes qui font le maximum. J'évoque uniquement le ressenti du malade !

Qui, pour avoir la réputation de « bon malade », se tait.

Madame C., pour ne pas déranger le personnel, a demandé des couches ! Elle ajoute : « Ils sont tous très gentils ! » C'est une manière de se sentir encore un peu aimée. Mais hélas, le mourant perd toujours un peu plus de sa liberté, même dans la plus simple expression de ce qu'il aime ou de ce qu'il n'aime pas.

Le malade qu'on appelle le « patient », le devient par la force de sa condition d'immobilité où l'impatience n'a pas sa place. La patience, toujours la patience, une qualité qu'il doit développer de gré ou de force.

3. La démarche intérieure

Le besoin d'amour: être aimé, écouté, compris. Estime des autres.

La seule maîtrise sur la vie de malade « condamné » est de cultiver intérieurement une certaine sagesse, une certaine paix.

S'il a la foi, cette intériorité peut le soutenir au travers de ses prières, de ses rituels personnels. Cette démarche peut l'aider, peut-être, à mieux supporter l'insupportable, l'irréparable. Il peut vivre au travers de sa croyance, dans le recueillement, une tranquillité plus ou moins ponctuelle ou durable. Il se connecte régulièrement au ressenti de son coeur peut-être pour garder ce lien de paix, avec ce quelque chose qui sans doute peut l'aider : cette vie spirituelle profonde qu'il a eu l'occasion de développer au cours des moments difficiles de son existence. Cette démarche intérieure peut procurer une relative douceur pour lui-même ou pour les autres et lui permettre de vivre cette situation douloureuse avec davantage de tolérance. Il vit son destin avec un certain fatalisme.

Cette attitude lui apporte une certaine forme d'échappatoire, l'essentiel étant qu'il vive au mieux cette crise où il se sent meurtri de la vie.

S'il ne croit pas, il recherche une manière de s'insensibiliser au mieux pour que la situation lui soit la plus supportable possible. Il met instinctivement en place un processus de protection intérieure qui lui permet de cultiver une adaptabilité évidemment toute relative.

Être entouré de personnes sincèrement bienveillantes peut le soutenir et l'aider. Cette chaleur humaine remplit quelque peu son quotidien, elle le ressource. Dans l'instant, de bonnes pensées se substituent à ses cogitations habituelles. Le malade essaie autant que faire se peut d'apprivoiser cette nouvelle vie. Selon ses possibilités, sa culture, sa personnalité, il trouvera le moyen le plus adapté pour faire face à ce qu'il subit dans ses entrailles.

La seule issue pour vivre au mieux ce passage repose sur l'acceptation.

Mais avant de parvenir à l'acceptation, le malade doit vivre tout un cheminement, des phases répertoriées par Élisabeth Kübbler-Ross : le choc, le déni, la révolte, le marchandage et la dépression.

La souffrance psychologique du mourant

Mourir, c'est le point final de la vie.

La personne est atteinte d'une maladie grave et incurable. C'est pourquoi il est nécessaire de connaître la souffrance morale de la personne et l'accompagnement aura tout son sens.

La souffrance morale commence avec les symptômes physiques (douleurs) sous forme d'angoisse, d'appréhension de la maladie, puis elle atteint son sommet lorsque le diagnostic est posé. Au moment même où la personne prend conscience qu'elle est atteinte d'une maladie incurable, elle bascule dans l'état du « mourant ».

L'annonce est vécue comme un choc, elle vient faire rupture dans la vie de la personne, il y a désormais un avant et un après.

« Rien ne sera plus comme avant », le processus du « mourir » est déclenché.

A cette période de choc, de sidération, va suivre toute une succession de phases qui vont constituer la préparation psychologique vers la mort.

La personne va passer par le déni, la dénégation, la colère et la frustration, la dépression et la résignation pour enfin aboutir, dans l'idéal, à l'acceptation.

Psychiquement, la personne va devoir effectuer toute une série de deuils dont l'ultime est celui de sa vie.

Le premier deuil à faire est celui de sa vie d'avant, celle du bien portant, celle de l'individu actif professionnellement car dans la majorité des cas, les traitements ne permettent plus à la personne de poursuivre son activité professionnelle.

La personne est atteinte dans son corps mais aussi dans son ego, dans son image de soi, dans son estime de soi. Elle doit faire face à ses propres yeux et aux yeux des autres, à son altération corporelle, à ce corps qui s'affaiblit et se dégrade de jour en jour.

L'espace-temps n'est plus le même et est ponctué par la traitement médical.

Puis vient le temps de la dépendance à l'autre, dépendance physique mais aussi psychique, c'est alors la perte d'autonomie avec toute la dimension dévalorisante et régressive que cela suppose. La personne se sent alors diminuée et inutile.

A tous ces deuils va s'ajouter la douleur physique qui de nos jours, est de plus en plus maîtrisée et soulagée, mais qui reste une des principales angoisses de la personne.

Enfin, l'angoisse de la mort est présente depuis l'annonce jusqu'au décès, elle n'est pas toujours verbalisée mais quand elle l'est, ce qui revient le plus souvent, c'est le devenir des siens, la peur de l'inconnu, l'angoisse du passage de la vie à la mort.

Accompagner, c'est permettre à la personne de conserver un sens humain à ce qu'il vit, de trouver ses propres points de repères, de ne pas perdre son identité, et de se réconcilier avec lui-même.

C'est l'aider, à faire face, à faire ses propres deuils, c'est l'aider à vivre sa mort.

Le dernier temps de mourir

Quand je m'approche de la personne en paix et en douceur dans cet instant-là, le mystère de cet être s'inscrit dans la réalité et me permet de me laisser porter par l'étape dans laquelle elle se trouve et je me laisse guider vers sa logique, qui n'est pas forcément la mienne.

Je vais dans la partie de son être la plus vivante.

Et c'est pour cela que je respecte l'autre. Elle accepte la relation de proximité sans condition.

Je suis dans l'émerveillement de cette épreuve et je ne suis pas désespérée, je peux juste accueillir ce qui se passe avec le silence profond. Avec l'état de l'intériorité qui est un état de prière constante et sans relâche pour moi et pour elle, c'est comme si nous rassemblions nos forces ensemble, pour la soutenir jusqu'à son dernier souffle.

L'accompagnement, c'est donner son temps pour l'autre. Reconnaître la limite aussi. Il s'agit d'intégrité.

Prendre le temps dans la sincérité instant après instant, souffle après souffle, jour après jour, le cœur toujours paisible. Le dernier instant se réalise dans la douceur.

L'accompagnement des mourants constitue l'une des formes les plus élevées de l'amour du prochain. Il revêt souvent la forme de "soins palliatifs" qui rendent la souffrance plus supportable dans la phase finale de la maladie et assurent au malade un accompagnement humain approprié. "Ceux qui ont le courage et l'amour nécessaires pour rester auprès d'un malade agonisant, dans le silence, qui va au-delà des mots, savent que ce moment n'est pas effrayant, ni douloureux, mais la cessation paisible du fonctionnement du corps."
Elisabeth Kübler-Ross

Analyse psychologique sous l'éclairage des traditions spirituelles

Le dernier temps de mourir

Les six étapes de l'agonie

La première est le doute : Le mourant est presque physiquement habité par ce doute. C'est une nuit profonde de l'esprit du cœur et du corps qui s'installe. Il ne veut plus entendre parler de la lumière, pas plus que d'un espace possible, d'une ouverture possible... C'est « infernal » car l'enfer, c'est d'être « enfermé » dans son moi, enfermé dans un état de conscience particulier, dans la souffrance. Pour celui qui accompagne, il s'agit de « collaborer » avec le bon ange. Ce bon ange est celui de la foi, car en face du doute, il s'agit de se tenir dans une posture de foi. J'adhère à ce qui est. Il s'agit de rester confiant dans le réel qui porte l'autre, qu'on l'appelle le Souffle ou l'Esprit.

La deuxième étape est l'épreuve du désespoir : C'est un désespoir dont on imagine parfois difficilement les abîmes.

En tant que témoin, il ne faut pas oublier que le désespoir est contagieux, voir quelqu'un souffrir à ce point, se remettre en question comme remettre toute chose en question peut ébranler celui qui accompagne. L'agonisant peut même se croire abandonné de Dieu : « Père, pourquoi m'as-tu abandonné ? » Perdre la « sensation » d'être aimé ne veut pas dire que l'on n'est plus aimé, que Dieu, le souffle, n'est plus présent !

La troisième épreuve qui habite une personne proche de la mort est celle de l'attachement : Vous pouvez observer les mains des mourants qui s'accrochent à votre main ou aux draps.

C'est tout ce corps qui s'accroche à ce souffle, à cette vie qui est en lui, comme s'il voulait la garder. L'accompagnant doit avoir cette patience, cette intelligence, ce discernement qui permettra à la personne qu'il accompagne de vivre ces moments de rétraction, de fermeture, d'enfermement, afin que la générosité soit un acte d'ouverture du cœur, du corps et de l'intelligence à cette vie.

La quatrième épreuve ou tentation : Durant l'agonie est l'impatience, la colère. La personne se met en colère contre son médecin. C'est une énergie plus qu'humaine. Cette douleur n'est pas seulement physique ou psychique. Épreuve à traverser. Il s'agit d'aider la personne à entrer dans une qualité de temps qu'est le temps de la patience. Pour accepter la véritable présence de Paix.

La cinquième épreuve (la tentation, l'orgueil) : Étape cruciale, elle nous rappelle que certaines personnes qui apparemment vont bien, en fait donnent le change. On sait que dans le fond, elles ont une vulnérabilité qu'on ne leur permet pas d'avouer. Proposer l'humilité. Leur souffler que ce n'est pas la peine de faire cet effort là.

La sixième épreuve (l'abandon, la paix) : Après tous ces dénis, ces refus, ces violences, nous devenons capables de dire oui à ce qui est. Oui à notre être mortel et oui à notre être pas seulement mortel. C'est l'épreuve de la transformation. En murmurant « Entre tes mains, je remets mon esprit, je remets mon souffle dans ton souffle. » Le visage de la personne est comme changé, transformé. Nous sentons que son souffle est soulevé comme s'il était embrassé, porté ! A cet instant son souffle s'abandonne..., il est enfin dans le repos.

S'attacher à un être dans la confiance quand l'autre est dans le doute à être, dans la patience quand l'autre est dans la colère, dans l'espérance quand l'autre est dans le désespoir. D'une certaine manière, c'est toujours symboliser l'autre pôle, de façon que la personne puisse vivre ce qu'elle a à vivre et puisse justement se sentir acceptée.

Une sémiologie de fin de vie

Une sémiologie existe réellement et a été décrite la première fois par le Dr. Elisabeth Kübler-Ross.

Ces étapes ne sont pas décrites de manière chronologique.

La personne mourante peut les aborder sur une seule journée ou bien sur plusieurs semaines et dans n'importe quel ordre.

Comment accompagner les personnes en fin de vie

C'est à Elisabeth Kübler-Ross (née le 8 juillet 1923 à Zürich en Suisse et décédée le 24 août 2004 aux Etat-Unis) que nous devons les études les plus significatives sur l'art d'accompagner les personnes en fin de vie. Sa pensée s'est diffusée en Europe dans les années 70 et depuis, beaucoup d'auteurs ont écrit sur le sujet.

À partir de quand entre-t-on dans ce qu'on peut appeler le processus du mourir ?

La plupart des auteurs sont d'accord pour situer l'entrée dans ce processus au moment où la personne est mise au courant de l'état de santé grave qui risque de la conduire à la mort.

Quelles sont les étapes qu'on a pu repérer dans le processus du mourir ?

Élisabeth Kübler-Ross décrit différentes étapes qui sont les suivantes :

Quelle que soit l'étape repérée chez la personne en fin de vie, le plus important est de maintenir l'espoir, même si les raisons de cet espoir varient.

En réalité, l'évolution de la personne en fin de vie n'est pas aussi linéaire, elle passe plutôt par des périodes d'instabilité émotionnelle qui font qu'à un moment, elle peut donner l'impression d'être dans une étape d'acceptation et deux ou trois heures plus tard, d'être dans une étape de colère ou de dépression.

La première des notions à intégrer lorsqu'on veut aider est donc la flexibilité. Il faut rester ouvert à tout état que la personne peut présenter sans s'attendre à ce qu'elle soit dans un état particulier. Le risque de la théorie est de nous enfermer dans des *a priori* sur la personne. Il s'agit d'accompagner la vie et non d'appliquer une théorie.

Nous allons cependant reprendre les cinq étapes citées.

1. Le choc, le déni : C'est un mécanisme de défense dans le refus du diagnostic fatal. La personne nie, mais elle a peur. C'est une période génératrice d'angoisses insupportables. Cette période, en général, est mieux vécue par l'entourage, car elle empêche le discours sur la mort du proche.

Le déni est un mécanisme de défense qui consiste pour la personne à se comporter comme si elle n'avait pas intégré l'information qu'on lui a donnée en ce qui concerne son état de santé. Elle se comporte également comme si elle n'était pas aussi malade qu'elle l'est. À cette période, elle peut négliger son traitement, prendre des risques, se lancer dans des projets irréalistes. Elle ne supporte pas qu'on tente de la ramener à la réalité. Il existe une forme de déni total, ce qui fait que les personnes semblent tomber d'accord avec ceux qui leur mentent et qui entretiennent le déni, et une forme de déni partiel. Par exemple, la personne sait et sent qu'elle va mourir, mais elle ne veut rien savoir de la nature de la pathologie en cause. Le déni existe dans de nombreuses autres circonstances. Il a pour fonction de se protéger face à une réalité qu'on ne peut accepter. La personne qui dénie semble s'accorder le temps nécessaire pour accepter une réalité vécue comme insupportable.

La façon de se comporter en face de quelqu'un qui refuse est de reconnaître le déni lorsque le comportement de la personne ne paraît pas adapté à la gravité de son état, de respecter ce mécanisme de défense, sans pour autant le cautionner, d'établir une relation d'aide qui permette à la personne de se sentir acceptée telle qu'elle est. Le déni n'a pas à nous énerver. Ce n'est pas un mensonge. C'est un mécanisme inconscient. La personne n'est donc pas responsable de son comportement. Le risque, si l'on essaie de confronter le déni, est de voir la personne adopter d'autres mécanismes de défense dont il lui sera beaucoup plus difficile de sortir, comme, par exemple, la régression, le déplacement, la projection, etc.

Le déni fait partie de ce qu'on appelle des mécanismes de défense. Un mécanisme de défense est un comportement inconscient qu'une personne adopte lorsqu'elle est confrontée à une douleur tellement insupportable (ou à une pulsion inacceptable) qu'elle ne peut la relier au reste de sa vie par un travail de pensée.

Un mode d'emploi simple face à un mécanisme de défense est d'abord :

- 1. de l'identifier
- 2. de le respecter

• 3. d'établir une relation avec la personne soignée, de telle sorte qu'elle puisse s'exprimer et qu'elle puisse relier ce qui déclenche le mécanisme de défense, c'est-à-dire la douleur ou la pulsion inacceptable au reste de sa vie par un travail de pensée. La pensée devant passer par la parole et/ou la symbolisation exprimée dans la relation à une autre personne.

Il n'est pas absolument nécessaire que la personne parle de la douleur et seulement de la douleur.

Lorsqu'on accompagne un mourant, il faut se souvenir qu'il est encore vivant et que la meilleure façon de l'aider est de le considérer comme vivant, cette étape de croissance qu'on appelle la mort et non pas comme déjà mort.

2. La colère : Pourquoi moi ? Pourquoi maintenant ? La personne refuse la réalité et est souvent agressive vis-à-vis du personnel soignant et de l'entourage. Ces bien-portants lui rappellent, sans cesse, tout ce dont elle est désormais privée ; cette colère signifie aussi : si je suis en colère, c'est que vous pouvez entendre ma voix, et donc je suis encore en vie !

Au fur et à mesure que son état se dégrade, la personne s'aperçoit que le déni ne sert à rien, elle devient alors très irritable. Tout peut être une occasion de se mettre en colère contre ceux qui la soignent, contre le monde, contre la vie, contre elle-même et même contre les objets. La colère est souvent provoquée par un sentiment d'injustice. **Cette irritabilité témoigne d'une grande anxiété.** Souvent, la personne ne se reconnaît pas elle-même. Elle s'en veut d'envoyer promener ceux qui tentent de lui faire du bien. C'est une étape pénible à supporter pour les soignants, pour les proches... et pour les soins. Mais il faut se souvenir que pouvoir se mettre en colère est un signe de vitalité. Si la colère ne peut s'exprimer, la personne la retourne contre elle, elle se blesse, elle s'aggrave, elle peut développer une grande anxiété sous forme de culpabilité et/ou de passivité.

3. Le marchandage : À cette période, la personne est assez épuisée et peu à peu, elle renonce à son agressivité. Elle essaie de trouver un compromis avec ceux dont elle estime qu'ils ont un pouvoir sur sa mort et sur sa vie. Ce peut être des personnes ou des entités abstraites comme le temps, le mérite personnel, la vertu, la droiture de la vie, le destin, etc. La personne se comporte alors comme si elle tentait de faire valoir qu'elle méritait un sursis, elle s'efforce à différentes pratiques pour mériter ce sursis, ce qui a fait dire qu'elle "marchandait" avec la vie. La négociation avec la mort ou le marchandage. Par exemple, elle peut être tentée de donner tous ses biens à la recherche sur le cancer, l'espoir sous-jacent étant que, ayant fait ce sacrifice, elle mérite d'être sauvée. Ou bien, elle s'efforce de suivre très scrupuleusement ses traitements au point qu'elle est en colère contre l'infirmière qui arrive deux minutes en retard pour poser une perfusion. Le marché que la personne a passé secrètement entre elle et la puissance supérieure qui décide de la vie ou de la mort étant qu'en s'efforçant d'être très scrupuleuse dans les traitements, elle va éviter de mourir. Ou bien, elle se dit : « je ne peux pas mourir avant... » le mariage de son fils, la communion de son petit-fils, qui ont lieu six mois après, ce qui est irréaliste par rapport à l'état de santé présent, ou bien même le résultat du tiercé, pour certains. Selon les projets personnels ou familiaux importants, les personnes en fin de vie « marchandent » le temps qui leur reste à vivre.

Cette période est une période de grande vulnérabilité pour la personne. Elle requiert, de la part des soignants, une attitude de discernement et de conseil, afin d'éviter des décisions qui porteront tort à la personne ou à ses descendants.

A cette étape, la meilleure façon d'aider est de reconnaître que les choses sont difficiles, qu'il est bien compréhensible qu'on perde patience, réaffirmer que les soignants sont là pour aider et pour comprendre et non pour juger. Il faut aussi le démontrer par des actes concrets. Il faut se préoccuper de tous les éléments de confort qui peuvent atténuer l'irritabilité : la douleur, l'immobilité, les problèmes d'alimentation et d'élimination, les odeurs, les problèmes d'hygiène et particulièrement l'hygiène de la bouche, l'incompréhension de l'environnement, l'éloignement des amis et des proches, les différentes démarches administratives, la remise en cause inévitable du marchandage.

Le marchandage peut être mal compris par les proches et par les équipes de soins, car il est peu repérable et prend des formes multiples. Quelquefois, on croit que la personne tente de manipuler, il n'en est rien. Donner du sens à la vie aggrave l'irritabilité. On peut en arriver à ce que l'OMS décrit comme le syndrome de douleur totale.

4. La dépression : C'est le temps de la tristesse, devant la réalité imminente de la séparation avec tous ceux que l'on aime. L'état du patient s'aggravant, il rentre dans une étape de dépression qui comporte deux temps :

1. l'adieu à la vie
2. la préparation à la mort.

La première étape de la dépression s'organise autour de l'adieu à la vie qui se manifeste par des regrets. La personne voit souvent son passé avec de l'amertume. Elle a du mal à voir ce qu'elle a pu être ou faire de positif. Elle rumine sur tout ce qu'elle n'a pas réussi et ce qu'elle n'a pas eu le temps de réaliser, elle ressasse les vieux conflits, les ruptures, les échecs et plus particulièrement les échecs relationnels. Elle se sent fautive et a tendance à s'auto-accuser.

Pour l'aider, les soignants doivent comprendre que c'est une étape qui correspond à la recherche d'un sens à la vie. Surtout, lorsque les personnes n'ont jamais réfléchi au sens de leur vie avant d'arriver à sa dernière étape. Une des façons d'aider est d'écouter sans juger et sans essayer de consoler à bon marché. La personne a surtout besoin de quelqu'un qui assure la fonction témoin. Si la personne adhère à un système de croyances qui comporte des démarches de pardon et de réconciliation, il est intéressant de l'encourager à rencontrer le représentant du culte auquel elle appartient, afin de procéder aux rituels religieux qui correspondent. Il n'est pas très intéressant de donner des antidépresseurs, car on ne fait que masquer la réalité profonde et la personne peut se sentir incomprise, voire niée. Il est évident que si la personne se déprime à l'excès et ne dispose d'aucun secours spirituel, le médecin sera conduit à traiter cette étape comme une dépression. On peut aussi aider en encourageant la personne à revoir ce que diraient d'elle des personnes qui l'ont aimée ou appréciée. Jean Monbourquette conseille même de se faire une litanie d'amour lorsqu'on est trop déprimé, par exemple en disant : « mon fils m'aime, mon mari m'aime, mon chien m'aime, la nature m'aime... ».

Le grand problème de cette période est la culpabilité. Une autre chose peut aider, si la personne veut bien se livrer à cet exercice, c'est la rédaction d'un testament spirituel où, en étant assistée par un soignant, la personne rédige à l'égard de ceux qui vont lui survivre, des lettres ou des textes où elle leur exprime tout ce qu'elle estime avoir à terminer avant de les laisser. C'est particulièrement utile pour les enfants survivants. Il faut s'engager à transmettre le testament dans les conditions où la personne désire qu'il soit transmis. La délicatesse veut qu'on ne force jamais quelqu'un à ce genre de pratique et qu'on reste discret à l'égard des proches si la personne mourante ne veut pas remettre son testament avant sa disparition. Il est assez utile de ne pas céder à des illusions de bons sentiments quand une famille s'est déchirée pendant 40 ans, il est rare que le moment de la mort parvienne à les réconcilier. Cela peut arriver, mais bien plus souvent le mourant qui veut les rassembler va devenir l'occasion de réactiver les conflits. Une fonction de médiation peut être très utile, mais encore faut-il savoir la conduire et cela ne s'improvise pas.

La deuxième étape de la dépression survient lorsque la mort est proche. La personne se retire des relations, elle ne veut plus qu'on la lave, elle ne veut plus qu'on la touche, elle ne veut plus manger, elle éprouve une grande répugnance à bouger. Elle a tendance à se recroqueviller et à refuser les visites. La meilleure façon de l'aider est de l'accepter. Les mourants n'ont pas besoin de manger. Ils ont essentiellement besoin d'être hydratés. Les soins de confort et d'hygiène sont très importants, particulièrement les soins de la bouche. Cependant, il faut les effectuer dans la douceur et sans forcer. Le toucher-massage peut grandement aider à garder un lien avec le mourant à condition d'être effectué avec grande délicatesse. Si l'on a constitué, avant cette étape, une réserve de moyens d'apaisement : musique ou sons ou voix que la personne aime, on peut les utiliser, sans les imposer toute la journée. Ces cassettes doivent être personnalisées, il ne s'agit pas d'installer un poste de radio à côté de la personne mourante ou de diffuser toute la journée un bruit de fond.

Les personnes en phase terminale ont besoin de présence dans le calme, le silence et la tranquillité. La priorité est alors d'aider les proches, qui doivent accepter de lâcher prise, de donner l'autorisation au mourant de les quitter.

5. L'acceptation : Lorsque l'accompagnement s'est bien passé, la personne mourante peut arriver à un stade qu'Élisabeth Kübler-Ross a intitulé l'acceptation.

Cette étape dépend beaucoup des vivants qui entourent le mourant. C'est une étape pré-agonique. Blandine Beth décrit que la personne en phase terminale peut avoir des « hallucinations » où elle voit ses ancêtres décédés venir la chercher. Si cette personne est croyante, elle peut voir des saints ou des anges. Ces hallucinations n'ont rien de pathogène, elles n'inquiètent pas la personne mourante, elles sont plutôt apaisantes pour elle. Cependant, il arrive qu'elles inquiètent le personnel soignant qui ne sait pas que ce phénomène peut exister. Craignant d'apeurer l'équipe de soins, la personne mourante a parfois de la difficulté à en parler. Or, cela lui fait du bien de pouvoir assurer les vivants qu'elle est attendue dans un autre monde. La plupart des mourants, lorsqu'ils sont entourés de gens qui ne craignent pas de les accompagner, sont très prévenants pour ceux qui restent.

A ces étapes succèdent la période d'agonie puis le décès.

Les sept peurs chez le malade mourant

- Il existe des grandes peurs répertoriées chez le malade mourant.
- La charte des besoins fondamentaux aux droits du malade mourant.

1. La peur du processus de la mort (comment ça va se passer, la peur d'avoir mal, la peur d'étouffer, et pour certains, même la peur d'être enterré vivant).

2. La peur de perdre le contrôle de la situation.

3. La peur de ce qui va arriver aux siens après la mort.

4. La peur de la peur des autres.

5. La peur de l'isolement et de la solitude.

6. La peur de l'inconnu.

7. La peur finale de la personne qui s'approche de la mort est que sa vie n'ait eu aucune signification. Il faut se souvenir de ne pas projeter ces propres peurs, répertoriées par la recherche sur la personne mourante ; chaque situation est particulière et demande un accompagnement différent.

Il faut avant tout écouter ce que le patient a à dire.

Des patients ont été réunis pour définir ce qu'ls estiment être la charte de leurs droits

1. J'ai le droit d'être traité comme un être humain vivant jusqu'à ma mort.

2. J'ai le droit de garder espoir, même si les raisons de mon espoir varient.

3. J'ai le droit d'être soigné par des gens qui peuvent m'aider à garder espoir, même si les raisons de mon espoir varient.

4. J'ai le droit d'exprimer mes sentiments et mes émotions à ma manière concernant l'approche de ma mort.

5. J'ai le droit de participer aux décisions à prendre concernant les soins à me donner.

6. J'ai le droit de recevoir l'attention de l'équipe médicale, même s'il devient évident que je ne guérirai pas.

7. J'ai le droit de ne pas mourir seul.

8. J'ai le droit de ne pas avoir mal.

9. J'ai le droit d'obtenir une réponse honnête à mes questions.

10. J'ai le droit de ne pas être trompé.

11. J'ai le droit d'obtenir de l'aide venant de ma famille ou de mes proches, afin de pouvoir accepter ma mort. Ma famille et mes proches ont le droit de recevoir de l'aide afin de mieux accepter ma mort.

12. J'ai le droit de mourir dans la paix et la dignité.

13. J'ai le droit de conserver mon individualité et de ne pas être jugé si mes décisions vont à l'encontre des croyances de ceux qui me soignent.

14. J'ai le droit de discuter et partager mes expériences religieuses et spirituelles, même si elles sont différentes de celles des autres.

15. J'ai le droit d'attendre que l'on respecte mon corps après ma mort.

16. J'ai le droit d'être soigné par des gens capables de compassion et de sensibilité, compétents dans leur profession, qui s'efforceront de comprendre mes besoins et qui sauront trouver de la satisfaction pour eux-mêmes dans le support qu'ils m'apporteront, alors que je serai confronté à ma mort.

17. J'ai le droit d'être accompagné par des soignants pour qui le fait de m'aider sera une opportunité de croissance.

Les besoins fondamentaux

Le résumé des soins qui s'imposent peut être fait à l'aide de la grille des besoins fondamentaux de Virginia Henderson.

Il faut se souvenir que le mourant reste avant tout un vivant. L'intervention d'aides-soignantes est particulièrement déterminante pour tous les soins de confort qui, durant plus longtemps que les actes techniques des infirmières, permettent une présence plus longue auprès du patient.

D'excellents ouvrages existent qui reprennent tous les éléments d'un plan de soins spécifique aux malades mourants, en tenant compte de l'environnement dans lequel se passent les derniers jours de la vie, maison de personnes âgées, domicile, services hospitaliers, etc.

Aujourd'hui, les soins palliatifs sont fort développés.

La première des priorités est d'établir une relation de vérité avec le patient et ses proches.

La deuxième priorité est de gérer les problèmes éventuels de douleur.

Le schéma sur la douleur totale nous donne des pistes sur tous les éléments à considérer.

Les symptômes suivants peuvent être très difficiles pour le patient

- Les symptômes digestifs : problèmes de bouche, anorexie, affaiblissement, malaises épigastriques, nausées, vomissements, occlusion intestinale, constipation, diarrhée, le hoquet.

- Les symptômes urinaires : incontinence et spasmes vésicaux.

- Les problèmes de peau : sécheresse de la peau, prurit, problèmes de décubitus, escarres, métastases cutanées ulcérées.

- Les rétractions musculaires.

- Les symptômes respiratoires : dyspnée, toux, réduction de la capacité respiratoire, râle de la mort.

- Les symptômes neurologiques : insomnie, céphalées, crises convulsives, envahissement du canal rachidien, confusion.

- Les symptômes psychologiques : anxiété et dépression.

On peut le constater, tous ces problèmes sont à traiter dans le cadre d'une équipe pluridisciplinaire où l'aide-soignante a toutes les chances de trouver sa place, étant donné la nature de son métier.

Vivre le deuil

Définition

Le deuil est une réaction et un sentiment de tristesse éprouvés suite à la mort d'un proche. Souvent associé à la souffrance, le deuil est aussi considéré comme un processus nécessaire de délivrance, nommé résilience. Lorsqu'un événement provoque une crise dans la vie d'un individu, un changement radical est opéré dans la situation établie jusqu'alors.

Perdre un être cher est un évènement bouleversant. On a l'impression qu'on ne pourra jamais surmonter sa peine. Il est nécessaire de passer par un douloureux travail intérieur, le « travail de deuil ».Celui-ci permet d'accepter la disparition et de définir un avant et un après. C'est un processus actif : on dit « faire le deuil ». La personne en deuil peut sembler absente ou dépressive.

Le travail intérieur se fait.

Dans un premier temps, il n'est donc pas simple de distinguer ce qui en est positif pour la personne.

Notre vie est ébranlée par cette perte, notre quotidien est bouleversé, nous sommes anéantis physiquement et mentalement par la douleur. Il est nécessaire de prendre en compte ces états d'âme, pour trouver la paix.

A quel point ce que l'on traverse est normal

Donnez-vous le temps de guérir. Prenez aussi le temps de vous laisser guider par ce que vous ressentez et de ce qui est bon pour vous. Même des petites choses du quotidien. Peu à peu, vous éprouverez moins de douleur au souvenir de la personne disparue. Chacun va à son rythme pour diminuer l'intensité et la durée de la tristesse et le sentiment d'effondrement et il est important de vous respecter.

Vivre pleinement la souffrance et les différentes émotions qui s'y attachent.

Essayer de ne pas prendre de décisions a la hâte.

Écoutez votre cœur profond, laissez-vous guider par ce que vous ressentez. Vous apprendrez grâce à cela à mieux vivre le deuil aussi.

Le deuil est un moment très difficile à traverser, il vous faut être très patient envers vous-même et envers les autres. Les proches ne comprennent pas toujours ce que vous ressentez. Entourez-vous de personnes avec qui vous vous sentez bien et à qui vous pouvez partager et vous confier. L'écoute est possible. Il est nécessaire d'exprimer son chagrin et son désarroi, les garder pour soi est un poids trop lourd à porter.

Comprendre les personnes en deuil pour mieux les aider

Si l'aide aux mourants est un terrain devenu familier et relativement bien balisé, il n'en est malheureusement pas de même, en France, pour les personnes endeuillées.

Or, les problématiques de deuil sont très onéreuses pour la santé, non seulement des personnes ayant subi une perte, mais pour la santé de leurs descendants. Les statistiques américaines ont établi que plus de 50 % des maladies somatiques pouvaient être référées à des deuils non terminés et que 98 % des couples qui perdent un enfant divorcent dans les sept ans s'ils ne sont pas aidés. Les conséquences d'un deuil non terminé peuvent se transmettre de génération en génération.

Or, le deuil est un état ressource dans lequel on se met pour faire face aux pertes. On parle de travail de deuil par assimilation au travail de l'accouchement. Il s'agit donc bien d'un mouvement de la vie et comme nous savons vivre, « nous savons faire le deuil ».

Les pertes pouvant générer un état de deuil

- *Les pertes d'objets ou de biens*, le deuil est d'autant plus grave que l'objet était investi de façon affective
- *Les pertes de lieu* : pays, maison, quartier, etc.
- *Les pertes liées aux étapes de croissance*, c'est ainsi qu'on a pu décrire chez le nouveau-né des deuils de placenta ou de cordon ombilical, etc. La survenue des caractères sexuels secondaires chez l'adolescent s'accompagne d'un certain état de deuil, ne dit-on pas « enterrer sa vie de garçon », l'arrivée d'un premier enfant peut être vécue par les parents comme un certain deuil, celui de leur vie à deux, etc.
- *Les pertes de réalités symboliques* : langue, nationalité, honneur, confiance, projets, idéaux, croyances, foi. La trahison, la

perte d'une idéologie, la perte de la liberté, la perte de la foi engendrent un état de deuil.

- *Les pertes liées aux fidélités ancestrales* : changer de classe sociale, être incapable de reprendre un patrimoine, etc.

- *Les pertes liées à l'investissement professionnel*, le chômage, la mise à la retraite, etc. et même, curieusement, une promotion.

- *Les pertes de parties de soi et d'apparence de soi* : devenir obèse, perdre la vue, perdre un membre, perdre sa force physique

- *Les pertes d'animaux*

- *Les pertes de générativité :* se découvrir stérile, ne plus pouvoir faire d'enfant, perdre son inspiration et sa créativité, voir son oeuvre détruite, ne pas pouvoir transmettre ce qu'on sait ou ce qu'on a fait...

- *Les pertes de maîtrise de rôle*

- *Les pertes liées à la violence subie*

- *Les pertes liées aux maladies et au vieillissement*

- *Les pertes partielles de personnes* : la personne reste vivante, mais elle nous quitte (c'est le cas du divorce), devient inaccessible du fait d'une maladie, perd la raison, se fâche, trahit

- *Les pertes partielles en ce qui concerne les enfants* : l'enfant naît avec une malformation ou est victime d'un grave accident qui le laisse invalide, l'enfant se drogue, l'enfant échoue scolairement, l'enfant tombe malade psychiquement, l'enfant est victime d'une maladie somatique grave, etc.

- *Les pertes liées à la disparition subite d'un enfant ou d'un adulte*, ce sont des pertes très graves, car il y a une grande difficulté à admettre la réalité, du fait qu'on ne peut vérifier que l'autre est mort

- *Les pertes d'enfants* : l'avortement, les fausses couches, les mort-nés, les morts subites du nouveau-né... La perte d'enfant est un deuil qu'il est très difficile de dépasser, car souvent l'enfant est investi comme étant celui qui nous permet d'espérer survivre à notre propre mort. Selon le type d'accident arrivé à l'enfant, le deuil est plus ou moins difficile à surmonter. Si l'enfant a été enlevé, torturé, etc., s'il a été tué lors d'un accident dont on est responsable, s'il a été tué par un tiers, la plus grande difficulté est de dépasser le ressentiment à l'égard de l'autre ou à l'égard de soi. L'enfant peut également, échouer, le parent est alors confronté à un sentiment de perte très important. Il faut mettre dans les états de deuil liés aux pertes les situations où l'enfant perd son statut social en devenant délinquant

- *Les pertes de petits-enfants* sont très sensibles. Il faut aussi se rappeler que même, à 90 ans, l'enfant qui en a 70 reste l'enfant de sa maman.

Les pertes d'enfants sont à considérer du point de vue des frères et sœurs qui peuvent développer de très graves pathologies de l'affectivité à la suite d'une disparition dans la fratrie. Il n'est pas rare de rencontrer des femmes qui se sont unies à un conjoint représentant leur frère disparu ou qui projettent sur leur enfant l'ombre du frère ou de la sœur disparu(e). Cela entraîne beaucoup de problèmes dans le couple et des troubles très importants chez les enfants.

- *Les pertes d'adultes* sont du même ordre que celles répertoriées pour les enfants. Les plus graves restent les disparitions, les meurtres, les suicides puis les maladies et la mort de vieillesse, sans oublier la déchéance, par exemple l'alcoolisation d'un conjoint.

Vous pouvez rajouter une multitude de pertes que j'ai pu oublier, le deuil étant, je le rappelle, l'état ressource dans lequel on se met pour faire face aux pertes.

Les états de deuil « normaux » dans le cas d'une perte grave, comme celle d'une personne ou d'un emploi, demande pour se résoudre entre six mois et deux ans, à condition que la personne accepte de se faire aider. En effet, comme il s'agit d'une rupture de liens, ce n'est que dans la reconstruction de liens que l'endeuillé va pouvoir progresser.

Les sept étapes du deuil

Les endeuillés traversent différentes étapes qui ressemblent aux étapes du mourir, mais qui ne sont pas du même ordre, car il s'agit là de réinvestir progressivement la vie et non de disparaître.

Jean Monbourquette, qui est un grand spécialiste de l'acccompagnement des personnes endeuillés parle de sept étapes :

1. Le choc qui se caractérise par une paralysie de l'émotivité, par une diminution des facultés de perception et par des réactions somatiques intenses, dont les larmes. Cette courte phase du deuil survient lorsqu'on apprend la perte. La personne refuse d'y croire. C'est une période plus ou moins intense où les émotions semblent pratiquement absentes. La personne affectée peut s'évanouir et peut même vomir sans en être consciente. C'est en quittant ce court stade du deuil que la réalité de la perte s'installe.

2. Le déni qui tente de protéger la personne en gommant la réalité.

3. L'acceptation : l'être vivant s'emplit de sérénité et accepte le départ de l'être aimé. C'est une période très calme où les échanges humains sont souvent d'une très forte intensité. **Vient ensuite l'expression des émotions et des sentiments :** l'anxiété, la peur, l'impuissance, la tristesse, la colère et la culpabilité précèdent un sentiment de libération et la pleine conscience de la perte où reprennent force lamentations. Cette deuxième crise de larmes précède l'étape d'acceptation. Acceptation : Dernière étape du deuil où l'endeuillé reprend du mieux. La réalité de la perte est beaucoup plus comprise et acceptée. L'endeuillé peut encore ressentir de la tristesse, mais il a retrouvé son plein fonctionnement. Il a aussi réorganisé sa vie en fonction de la perte.

4. L'étape suivante comporte **l'accomplissement inhérent au deuil :** on peut ainsi compléter les dialogues non terminés par des lettres, ranger les photos dans des albums, se défaire des objets du disparu, accomplir les promesses qu'on lui a faites, effectuer les rites funéraires requis par les croyances ou la culture.

5. La découverte d'un sens à la perte. La personne commence à discerner quelle nouvelle Connaissance d'elle-même et des autres elle a acquis à travers cette épreuve. Elle se sent plus mûre, elle a renouvelé le sens de sa vie. Il arrive fréquemment que la crise lui ait permis de discerner qui sont ses vrais amis. Elle a développé la certitude que chaque instant de vie est précieux, etc.

6. À cette étape survient la possibilité d'une **réconciliation**. Réconciliation avec elle-même, elle admet ses propres faiblesses, ses erreurs et ses limites humaines, elle se soulage de sa culpabilité malsaine. Elle arrive, de ce fait, à admettre ces éléments chez la personne qui a disparu. La colère intérieure s'apaise, elle est prête à pardonner et à se pardonner, si besoin.

7. L'étape ultime du deuil apparaît qu'on appelle **l'héritage ou le cadeau**. C'est ainsi que l'épreuve permet de discerner le vrai niveau de l'attachement qu'on avait à l'autre. Il devient alors **source de bienveillance dans l'être**.

Les principales étapes d'un groupe d'accompagnement comportent

1 - la constitution du groupe

2 - la formulation des objectifs de chacun, donc des caractéristiques des pertes qu'il convient de travailler

3 - le récit de l'histoire du deuil par chacun des participants

4 - le développement de l'espoir de résoudre son deuil

5 - la prise de conscience des résistances à le faire et l'expression de l'attachement que cela témoigne, en particulier à travers la tristesse

6 - l'acceptation et l'expression de la colère comme une étape normale, le renoncement progressif au ressentiment

7 - l'expression et la transformation des traces de culpabilité

8 - le développement d'un plan de soin pour soi en tant qu'endeuiller (voir plus loin)

9 - le redéploiement de la carte des alliances, le réajustement des relations humaines

10 - le règlement des affaires non terminées

11 - la découverte d'un sens à l'épreuve

12 - la réconciliation avec soi, l'autre et l'univers, l'acceptation de l'héritage.

Ces thèmes sont à traiter avec les autres personnes, selon un rythme qui convient à chacun. Je vous recommande le petit livre de Jean Monbourquette qui explique comment pratiquer l'aide aux endeuillés.

Exemple d'un plan de soin pour soi en tant qu'endeuillé

Faire le deuil demande beaucoup d'énergie. C'est pourquoi, pendant une certaine période, la personne endeuillée souffre d'un stress sérieux. Elle doit apprendre à prendre soin d'elle-même pour se donner toutes les chances de réussir son travail de deuil.

Voici quelques conseils

1. Bien s'alimenter et prendre le plus de sommeil possible.

2. Régler les problèmes d'insomnie de préférence par des méthodes naturelles : massages, acupuncture, relaxation, etc.

3. Prendre des « vacances temporaires du deuil », en acceptant de s'accorder des loisirs et des moments de détente de manière à être plus en forme pour poursuivre son deuil.

4. Suivre le plus possible sa « routine quotidienne». Ce n'est pas le moment de tout changer, alterner les moments d'activité et les moments de détente.

5. Profiter des moments où les émotions sont à fleur de peau, car ce sont des moments de grâce, le plus pathogène dans un processus de deuil est l'inhibition émotionnelle. Pleurer en regardant une émission de télé n'est pas "craquer". Ce n'est pas une faiblesse. C'est la chance de progresser dans le deuil ; s'émouvoir en lisant un livre ou en voyant une scène triste aussi.

6. Selon la situation du moment, s'accorder des temps de solitude pour mieux « digérer » son deuil.

7. Trouver une « grande oreille » pour être écouté, un témoin bienveillant de cette période de la vie.

8. Se dire que le pire du deuil est passé et que, peu à peu une vie nouvelle va commencer.

9. Éviter de prendre de grandes décisions ; fuir les personnes qui épuisent notre énergie, éviter les situations dangereuses comme les sports violents, la vitesse excessive en voiture, etc.

10. Toujours préférer un moment de détente, un bon loisir, la main de quelqu'un, un massage... aux tranquillisants ou à l'alcool.

11. S'entourer de personnes ou d'êtres vivants : plantes, animaux...

12. Apprendre à rendre inopérantes les voix intérieures culpabilisantes en les chantant ou en les dansant!

13. Comme dans le chapitre Dépression, se faire des litanies d'amour : maman m'aime, Paul m'aime, mon chien m'aime, le soleil m'aime, la nature m'aime, mes amis m'aiment...

14. Savoir que l'on n'oubliera pas l'être cher disparu, même si l'on apprend peu à peu à ne plus y penser sans arrêt.

15. S'encourager avec tous les progrès que l'on fait.

16. Ne pas s'inquiéter de retours soudains de la tristesse. C'est un recul temporaire pour un nouvel élan vers la santé.

17. Prendre son temps pour guérir, éviter les fuites dans un faux bien-être, dans une hyperactivité, dans la reconstruction de liens fondés sur la réaction (par exemple : retrouver immédiatement un amant ou refaire immédiatement un enfant n'est pas recommandé). Éviter les états de fatigue excessifs.

18. Retrouver des ressources spirituelles : les prières de la jeunesse, les lieux de méditation, etc.

19. Rechercher ou retrouver une vision spirituelle ou religieuse de l'au-delà de la vie.

Le besoin relationnel

Le décret 2004-802 stipule que « *les soins infirmiers, préventifs, curatifs ou palliatifs, intègrent qualité technique et qualité des relations avec le malade* ».

Il met en avant un point essentiel du métier d'infirmier, la notion de « soin relationnel ». Il soulève le fait que le soin ne s'adresse pas seulement au corps, mais aussi aux caractères psychosociaux du patient.

Le soin relationnel est un processus utilisant toutes les approches communicatives, permettant donc d'établir une communication, afin d'apporter une aide et un soutien psychologique à une personne.

Il ne permet pas à la personne de guérir mais de ressentir un bien-être.

Le soin relationnel aide également l'individu à renouer un lien avec son corps, son esprit, son histoire, son environnement, son entourage. La relation inspire alors le malade à sa restructuration mais aussi à sa réinsertion sociale.

Pour entrer en relation avec un patient, le soignant doit alors utiliser la communication.

Selon le modèle de Virginia Henderson, les besoins fondamentaux de l'être humain peuvent être classés selon une liste ordonnée que les professionnels de santé utilisent lors des soins d'une personne malade ou en bonne santé.

Virginia Henderson établit son classement en se basant sur une vision plus complexe, par une approche à la fois biologique et physiologique (les besoins primaires, l'homéostasie), psychologique et sociale (les besoins secondaires), et même spirituelle (bien-être, besoin tertiaire et développement personnel).

Le modèle présenté inclut la notion de satisfaction du besoin, c'est-à-dire la capacité et la motivation de combler une perte, de maintenir ou d'améliorer un état. Selon le modèle, un besoin ne peut être atteint que si les besoins en amont sont déjà satisfaits.

Cette vision schématique du fonctionnement et des besoins humains est un guide pour le soignant. La grille des quatorze besoins est aussi utilisée pour établir l'anamnèse d'une personne ou un recueil de données infirmier, lorsqu'elle est demandeuse de soins, notamment de soins infirmiers.

Les quatorze besoins humains

1. **Respirer**

Capacité d'une personne à maintenir un niveau d'échange gazeux suffisant et une bonne oxygénation.

2. **Boire et manger**

Capacité d'une personne à pouvoir boire ou manger, à mâcher et à déglutir. Également à avoir faim et absorber suffisamment de nutriments pour capitaliser l'énergie nécessaire à son activité.

3. **Éliminer**

Capacité d'une personne à être autonome pour éliminer selles et urine et d'assurer son hygiène intime. Également d'éliminer les déchets du fonctionnement de l'organisme.

4. **Se mouvoir, et maintenir une bonne posture et maintenir une circulation sanguine adéquate**

Capacité d'une personne à se déplacer seule ou avec des moyens mécaniques, d'aménager son domicile de façon adéquate et de ressentir un confort. Également de connaître les limites de son corps.

5. **Dormir, se reposer**

Capacité d'une personne à dormir et à se sentir reposée. Également à gérer sa fatigue et son potentiel d'énergie.

6. **Vêtir et se dévêtir**

Capacité d'une personne de pouvoir s'habiller et se déshabiller, à acheter des vêtements. Également de construire son identité physique et mentale.

7. Maintenir sa température corporelle dans la limite de la normale (37,2°C)

Capacité d'une personne à s'équiper en fonction de son environnement et d'en apprécier les limites.

8. Être propre, soigné et protéger ses téguments

Capacité d'une personne à se laver, à maintenir son niveau d'hygiène, à prendre soin d'elle et à se servir de produits pour entretenir sa peau, à ressentir un bien-être et de se sentir belle. Également à se percevoir au travers du regard d'autrui.

9. Éviter les dangers

Capacité d'une personne à maintenir et promouvoir son intégrité physique et mentale, en connaissance des dangers potentiels de son environnement.

10. Communiquer avec ses semblables

Capacité d'une personne à être comprise et comprendre grâce à l'attitude, la parole, ou un code. Également à s'insérer dans un groupe social, à vivre pleinement ses relations affectives et sa sexualité.

11. Agir selon ses croyances et ses valeurs

Capacité d'une personne à connaître et promouvoir ses propres principes, croyances et valeurs. Également à les impliquer dans le sens qu'elle souhaite donner à sa vie.

12. S'occuper en vue de se réaliser

Capacité d'une personne à avoir des activités ludiques ou créatrices, des loisirs, à les impliquer dans son auto-réalisation et conserver son estime de soi. Également de tenir un rôle dans une organisation sociale.

13. Se divertir, se récréer

Capacité d'une personne à se détendre et à se cultiver. Également à s'investir dans une activité qui ne se centre pas sur une problématique personnelle et d'en éprouver une satisfaction personnelle.

14. Apprendre

Capacité d'une personne à apprendre d'autrui ou d'un événement et d'être en mesure d'évoluer. Également à s'adapter à un changement, à entrer en résilience et à pouvoir transmettre un savoir.

La communication, l'écoute

Quelles pourraient être les conditions nécessaires à une écoute permettant à la communication de S'ÉTABLIR ?

La disponibilité

Être tout simplement dans l'accueil : j'invite, je dis bonjour... et je laisse l'autre prendre l'initiative.

Moment très dense que mon silence amplifie.

L'invitation est dans le regard, dans la posture, dans l'attente centrée sur la personne.

Être disponible : accueil et écoute. Ne pas poser de questions.

La relance avec la personne se fera dans le premier instant de la rencontre, ou elle peut faire confiance tout de suite si vous êtes centré sur elle, dans cet instant là. Cela établira une multitude d'attentions autant pour elle que pour vous, relation directe. Vous allez à l'essentiel.

Le respect, ou la prise en compte de l'altérité

Cette première étape, tout cela lui appartient, m'échappe radicalement... et c'est à ce niveau, pourtant que la personne attend, peut-être, d'être entendue, accompagnée et rejointe. Mais... peut-être pas ? Son histoire est son territoire où je ne peux m'aventurer que si j'y suis conviée.

D'où l'importance de ne pas poser de questions, de me contenter de ce qui est offert et de confirmer mon écoute, de reformuler simplement ce que je viens d'entendre. Parfois d'inviter, avec prudence, avec délicatesse : « je ne sais pas si vous auriez envie de me parler de cet évènement que vous évoquez » main tendue qui sera prise avec bonheur et soulagement, mais parfois aussi refusée : « non pas pour le moment ». Une écoute neutre et bienveillante est indispensable auprès de la personne. L'écoute se doit d'être vécue d'égal à égal, d'humain à humain, de vivant à vivant.

L'écoute c'est rester vigilant, c'est essayer autant que faire ce peut, de ne pas se laisser envahir par ses émotions, par des réactions inappropriées, déséquilibrantes pour la personne finissant sa vie, son entourage, voire même pour l'équipe soignante. La personne sait, sent, reconnaît, si elle a en face d'elle quelqu'un d'agité, de perturbé ou quelqu'un qui lui laisse le loisir d'exister au travers d'une expression verbale libre, ouverte sans a priori. « Une vraie écoute » des mots simples et si compliqués à mettre en œuvre.

L'écoute passe par le silence, le vrai silence, celui qui se vit à l'intérieur de soi, celui qui permet la disponibilité de l'esprit. Et cette disponibilité engendre la qualité de la présence.

La ressemblance

Oui, même si la douleur éprouvée par la personne est bien la sienne, il y a un terrain, très humain, sur lequel je peux la rejoindre, ou sur lequel je peux me laisser rejoindre par elle : la vulnérabilité, la peur, le cri d'appel pour le soulagement, la vieillesse, la mort à l'horizon,... nous avons tous cela en commun !

Je peux me sentir concernée. Je peux avoir écouté en moi ce que ces mots éveillent. Me savoir vulnérable au quotidien, c'est aussi goûter l'intensité du présent.

La présence dans la durée

La présence dans la durée, c'est « être auprès de », « être là », « ne pas fuir »...

Les embûches évitées, les conditions remplies, je vais pouvoir écouter la personne.

Écouter : cela veut dire simplement me centrer sur la personne, sur ses émotions, sur ses messages, tenter de les entendre, et accuser réception de mon écoute.

Cela ne veut pas dire être d'accord. Je peux écouter et confirmer ce que j'entends de son message, la respecter dans sa façon de percevoir ce qui se passe en elle, mais avoir moi une autre position.

L'écoute d'une souffrance, d'une maladie, pour être complète, devrait pouvoir se faire à cinq niveaux différents.

- **1 Le fait corporel :** le diagnostic médical, quelle est la cause identifiable qui rend compte de ce symptôme (virus, microbes, cancers, traumatismes, etc.) ?
- **2 Le ressenti** dans le registre émotionnel : comment la personne vit-elle sa maladie, ce qu'elle ressent, ce qu'elle imagine, ce qu'elle craint, ce qui la désespère...?
- **3 Le ressentiment :** à quoi cette maladie renvoie-t-elle dans l'histoire de la personne et celle de sa famille ?
- **4 Quelle fonction** cette maladie remplit-elle dans l'économie psychique et relationnelle de cette personne ? A quoi sert-elle ? Que me permet-elle ? Qu'évite-t-elle ? Que me répare-t-elle ? Qui punit-elle ? Que protège-t-elle ?
- **5 Comment** cette maladie s'inscrit-elle dans la relation patient-médecin ? Quelle fonction remplit-elle dans la dynamique relationnelle ?

Les points 3, 4, 5, sont le **sens** de la maladie, des symptômes, et de la douleur. L'écoute permet d'y accéder, permet à la personne de s'entendre, ouvre les chemins de sa guérison, lui en révèle les clés.

C'est dire le triple centrage nécessaire :

- sur la *maladie* pour faire notre travail de soignant technicien,
- sur la *personne*, pour faire notre travail de soignant de la personne globale,
- sur *nous-mêmes*, car c'est avec nous-même et ce que nous sommes, nous écoutons, que nous entendons et que nous entrons en relation.

Entendre et confirmer les émotions que nous percevons chez l'autre, c'est nous centrer sur la personne, c'est lui permettre de se sentir entendue, reconnue dans ce qu'elle éprouve, c'est entrer directement en relation.

Permettre au ressenti de s'exprimer, l'écouter, c'est permettre à la personne de rejoindre ce qui souffre en elle.

Cette seule attitude de confirmation, respectueuse, est déjà en elle-même extrêmement puissante : elle permet à la personne d'entendre en elle ce qui se joue, d'oser laisser venir à sa conscience claire ce qui était maintenu dans l'ombre. Cette seule écoute est très souvent fructueuse et parfois même suffisante pour entrouvrir une porte de libération.

Le retentissement

A quoi cette maladie, ce symptôme renvoie-t-il dans l'histoire de la personne ou de la famille ?

Je peux écouter.

Au cœur même de mon travail.

Je peux l'écouter et l'entendre dire sa souffrance, comment elle la ressent, et l'entendre retrouver parfois avec beaucoup d'émotion, ce à quoi cette maladie la renvoie. L'entendre et lui permettre de s'entendre. L'accompagner ainsi pas à pas, si elle y est prête, le veut, sur son chemin de l'écoute d'elle même. Je ne peux que l'y inviter.

Les propositions thérapeutiques

A ce point de l'accompagnement de la personne, les symptômes, la maladie ont été entendus. Médicalement, le traitement a été donné. Les soins corporels ont été mis en œuvre s'ils étaient nécessaires. Nous pourrions penser avoir achevé notre rôle.

Mais la personne a contacté le sens, la lumière s'est faite sur la blessure enfouie qui ne savait se dire et ne trouvait son expression que dans la maladie. Et rien n'est plus comme avant. Le pas essentiel a été fait, mais le travail n'est pas terminé : s'ouvre maintenant un chemin possible, une phase nouvelle de reconstruction, de soins, en vue d'une guérison, d'une vie sur de nouvelles bases, d'une vie en santé. Cela passera bien souvent par le soin de la relation blessée et le soin de soi-même. Ce qui est souvent la même chose, car il s'agit toujours de se responsabiliser et d'accéder, dans la relation, au JE.

Le travail thérapeutique, en médecine relationnelle, peut se proposer sur trois registres :

- *un ancrage de ce qui peut être découvert, par des gestes symboliques,*
- *un travail sur soi, dans une vigilance quotidienne à ordonnance relationnelle,*
- *une mise en œuvre dans le réel, une prise de responsabilité dans la relation blessée. Car enfin, là où se situe la souffrance, là est le but de l'acte de soigner : guérir. C'est le soin relationnel.*

1) un ancrage, par des gestes symboliques :

Les gestes symboliques imprimeront dans le corps la dynamique vivante du nouveau mouvement de vie, confirmeront pour celui qui les accomplit, que sa personne toute entière est engagée sur ce nouveau chemin.

Le symbole reste ouvert, il ne s'enferme pas. A partir d'un symbole, d'un geste proposé, il n'est pas trop, parfois, de toute une vie pour... ne pas parvenir à en épuiser toute la richesse ! Le symbole nous relie à plus grand que nous.

Les gestes symboliques auront le plus souvent pour signification les grands mouvements essentiels de la vie : mouvements de libération, de croissance, de sortie, de séparations, de lâcher-prise, de don, de communication, d'ouverture, etc. Des gestes trouvés pourront être simples, choisis dans la vie quotidienne. Il s'agira de susciter l'imaginaire du patient plutôt que de lui imposer le nôtre, de l'inviter à donner du sens à un geste en utilisant ses mots, ses images, ses signes a lui.

Symboliser une colère par un objet, c'est la mettre un peu à distance de soi, ne plus s'identifier à elle.

Le geste d'enterrer : confier à la terre vivante ce qui est terminé, ce qui est devenu caduc, ce qui peut mourir et que je peux lâcher. Physiquement, concrètement, symboliquement.

L'écriture, le dessin, le graphisme sont des symboles : dessiner un sac, pour y déposer quelque chose à sortir de soi.

Exemple : G. a peur d'une foule de choses. Lors de la première consultation, j'ai l'impression d'être noyée dans la mer de ses peurs.

Je les écris sur un papier, et à la fin de l'entretien, je les entoure d'un trait de façon à représenter un sac qui contiendrait toutes ses peurs. "Voilà c'est le sac à peurs de G : si vous le voulez, nous pourrons, les prochaines fois ouvrir le sac, et regarder ensemble ce qu'il y a dedans de plus près : vous choisirez. " Ah, oui, j'avais oublié : il faudrait encore rajouter ceci dans le sac..." et de me dire encore une autre peur !
Il y aura du travail à faire, mais du moins la mise en distance se fait : j'ai des peurs mais je ne m'identifie pas à mes peurs. Le symbole du sac, qui m'appartient, mais qui n'est pas moi, y aide !

2) un travail sur soi : les ordonnances relationnelles

Les ordonnances relationnelles ne s'achètent pas chez le pharmacien, ne coûtent rien à la Sécurité sociale, mais proposent, au terme d'une consultation ou d'un entretien où des ouvertures se sont faites, les moyens d'un prolongement afin de ne pas refermer une porte entr'ouverte, de ne pas éteindre une petite lueur encore fragile. L'ordonnance relationnelle soutient le travail sur soi. Elle est un point de repère écrit, qui va tenir compte du temps, des lieux, du concret de la vie de la personne. Elle sera précise, comme une prescription de médicament, avec une dose, une durée. Elle se propose comme un contrat. En fin de « traitement » la personne reviendra faire le point.

L'ordonnance relationnelle peut concerner :

- la relation à soi-même,
- la relation à son entourage,
- la relation à sa maladie,
- la relation à son traitement.

Dans l'ordonnance pour la relation à soi-même, il s'agit le plus souvent de conforter la personne dans ses ressources, telles qu'elles ont pu apparaître au cours de la consultation.

Exemple : A est une belle jeune fille de 19 ans, intelligente, amoureuse, sportive, qui réussit tout ce qu'elle entreprend. Mais elle ne parvient pas à se réjouir de sa vie : papa et maman sont inquiets, et l'assaillent de questions, de conseils, de mise en cause. Ils croient savoir mieux qu'elle ce qui est bon pour elle, y compris dans la relation à son ami où "elle risquerait de perdre sa personnalité". Adolescente pas tout à fait encore sortie de l'enfance, il lui est difficile de sortir du giron parental, de laisser à ses parents leurs inquiétudes et leurs désirs sur elle, et d'écouter en elle ce vers quoi la vie l'appelle. Mais tout de même, ça ne se perd pas comme ça une personnalité.

L'ordonnance relationnelle, qu'elle a soigneusement emportée, s'appuyait sur ses ressources et découvertes :

1) chaque jour, en fin de journée, pendant quinze jours, prendre une demi-heure de solitude, et m'interroger : « aujourd'hui, où est mon désir ? »

2) chaque jour, aller dans la forêt, et répéter cinq fois : « Ça ne se perd pas comme ça une personnalité. »

De plus en plus fort. Il est possible de le crier.

Dans l'ordonnance pour la relation aux proches, il s'agit de mettre sous cette forme ce qui vient d'être découvert, travaillé, joué, symbolisé au cours de l'entretien. L'ordonnance relationnelle ne fait que confirmer, assurer une démarche déjà clarifiée.

3) une mise en œuvre dans le réel : soigner la relation blessée

La blessure une fois reconnue, dégagée de ce qui la recouvrait, mise à jour dans l'écoute, révélée à la conscience dans la tendresse d'un accueil, d'un regard, comment à présent la soigner ? Comment lui permettre de cicatriser, afin qu'il n'y ait plus besoin de mobiliser des énergies précieuses pour la colmater, qu'il ne soit plus nécessaire de crier la souffrance dans une maladie-langage ?

La mise en mots va rendre possible la mise en œuvre.

Elle fait obligatoirement appel à sa responsabilité. Si j'ai mal, dans cette relation, significative pour moi, c'est bien moi qui entretiens ma souffrance. Je suis responsable de ce que j'éprouve. Est-ce que je veux guérir ?

Si oui, il y aura des choses à lâcher, bien sûr ! Nous l'avons vu: lâcher les possibles après la mort d'un être aimé, lâcher les injonctions reçues dans l'enfance, lâcher l'accusation et le ressentiment contre l'autre, lâcher la belle image idéale que je voudrais garder en moi, lâcher ma dévalorisation, lâcher les regrets, lâcher, lâcher,...

Mais après, le cœur et le corps disponibles, libérés, la démarche de reliance, enfin, deviendra possible : une initiative relationnelle nouvelle, une parole prononcée, une lettre écrite... parfois même sur une tombe. La guérison se confond là à la réalité, elle éprouve sa solidité, elle ose se risquer, elle joue à se faire peur pour découvrir qu'il n'y a pas de danger, elle s'affirme, elle porte ses fruits, elle enfante la vie... Et la joie de vivre !

C'est vrai que cette pratique ne conduit à cette fine fleur que... trop rarement.

Mais lorsque cela est possible, quel émerveillement !

Tout cela est une grande réalité,
dans toute cette écoute relationnelle.
Faites-en l'expérience.

Les cinq principes de l'écoute centrée sur la personne

L'objectif de la discussion est... qu'il n'y a pas d'objectif, il se découvre au fur et à mesure.

Le deuxième objectif est d'aider la personne à aller plus loin qu'elle n'irait toute seule.

Une communication non-directive, c'est à-dire centrée sur la personne, s'appuie sur les cinq points suivants :

1. Adopter une attitude de réceptivité et non directive pour que la personne puisse présenter ses difficultés à sa manière.
2. Être centré sur ce qui est vécu par la personne, sur ce qu'elle éprouve et pas seulement sur les faits objectifs ou des considérations générales.
3. S'intéresser à la personne et non à son problème, indépendamment d'elle. C'est l'effort d'empathie qui permet de voir les choses du point de vue de la personne, en fonction de son contexte, mais sans y être impliqué affectivement.
4. Respecter la personne dans un effort authentique de compréhension. Toute méthode de communication peut devenir une recette ou une manipulation selon l'intention du soignant.

5. Faciliter une communication claire et constructive qui aide la personne à mieux se comprendre plutôt que présenter une vérité ou interpréter son inconscient.

La technique spécifique de la communication non directive est la **REFORMULATION**. Dans la pratique, la reformulation est l'un des moyens les plus efficaces pour aider l'autre à s'exprimer davantage.

Les besoins chez les soignants

C'est difficile d'être un soignant, c'est exigeant sur le plan émotif, parce que le soignant est centré sur la personne, parce qu'il a une éthique de dévouement, parce qu'il est impliqué dans l'intensité émotionnelle de la maladie, du malade, auquel il s'attache. Finalement, il ne peut souvent plus tolérer une telle intensité émotionnelle et finit, faute de temps, de soutien, de possibilités par en parler, par s'épuiser, démissionner, changer de service, ou prendre de la distance, voire prendre la fuite devant la maladie ou le besoin qu'a le malade de parler.

C'est très difficile de pouvoir être présent, réellement présent ici et maintenant, pour écouter et entendre le malade, et, comme nous dirions, pour pouvoir être impliqué sans s'impliquer, c'est-à-dire sans se projeter ni se prendre pour sauveur ou meilleur ami du malade.

Au début, il y a la peur de se voir happé par le tourbillon de colère, l'anxiété et du désespoir du patient.

Le sujet commence à craindre pour son propre équilibre, parfois il commence même à se demander lesquelles des illusions sont raisonnables et lesquelles sont fausses. Le système de défense le plus naturel entre alors en réactions presque automatiques par lesquelles le sujet essaye d'étayer ses moyens de défense pour se protéger contre cet impact, c'est de blinder son cœur et parfois même son esprit. Contre cela même qui, de toute évidence, menace de l'envahir par l'intensité de ces émotions.

Certains soignants essayent de se détacher physiquement (entrer moins souvent dans la chambre du malade, moins s'approcher de lui, éviter la proximité et l'échange des regards), d'autres mentalement, d'autres sur un plan émotif, ce qui fait que certains malades se plaignent de soins déshumanisés.

Un espace pour respirer et se décharger.

Comment le soignant peut-il se défendre contre le trop d'angoisse reçu du malade ou de la famille ?

Les professions d'aide, de soignant, sont des professions où l'on risque de s'épuiser en donnant trop à autrui. On est alors épuisé, brûlé.

Comment faire pour être présent, disponible, sans « trop en faire ? » nous entrons là dans l'analyse de l'inter-action.

Un des « jeux » de l'analyse transactionnelle nous aide à le comprendre, par la mise en évidence des rôles réciproques.

Le triangle de Karpman ou *triangle dramatique* entre trois personnes en rôle : la *victime* (le malade, parfois le conjoint), le *sauveteur* (le médecin, l'infirmière, parfois le conjoint), le *persécu-*

teur. Les professions d'aide en général fournissent de nombreuses possibilités d'entrer dans une attitude de « sauvetage » qui infantilise l'autre (« le client », « le malade ») ou qui ne l'invite pas à agir en adulte et à se développer.

Il est fréquent d'entrer dans ce triangle par le rôle du sauvetage :

- Le soignant entre dans le rôle de sauveteur lorsque :
- Il fait pour quelqu'un ce qu'il pourrait faire lui-même;
- Il fait pour le malade quelque chose que celui-ci n'a pas demandé, sans vérifier avec elle s'il le veut vraiment (aides, soignants, décisions médicales, filtrage des visites, repas...),
- Le soignant fait plus de 50 % alors que la personne serait capable de plus 50 % (on ne partage pas ce qu'il y a à faire, en le discutant entres « adultes » responsables). Il est évident qu'à certains moments de maladie grave et de crise, juste après une opération-en réanimation post-opératoire par exemple, le malade alité a besoin qu'on l'aide, mais, même là, il peut faire des choses et prendre des décisions et ne s'en porte que mieux.
- Le soignant fait une chose avec laquelle il n'est pas d'accord ; il le fait à contre-cœur, ceci sans clarifier sa propre position, sans dissiper ce sentiment de vague inconfort, cette « dissonance cognitive », qui est une « non congruence » interne.

Ceci fait que très vite, le soignant « sauveteur » en fait trop et se retrouve « victime » de son devoir et de sa situation. Pour alléger sa charge, il tend à devenir temporairement « persécuteur » (pour se défendre) contre trop de demandes (de trop de malades), trop d'anxiété, trop de stress, trop d'implications.

Car rôle, « attente-quant-au-rôle », « contre-rôle », sont liés en interaction constante, l'aidant fait des « changements de rôles » et des « renversements de rôles » sans s'en rendre compte, et de sauveteur, il devient victime et, pour se protéger et survivre, persécuteur.

C'est ainsi que certaines familles (et parfois certains soignants) en viennent à souhaiter la mort du malade plutôt que de supporter d'autres rechutes et améliorations, parce qu'ils (conjoint, parents, enfants, soignants) en ont fait trop et sont donc devenus victimes, épuisés, vidés, et ont trop longtemps suspendu leur propre vie.

Ils n'en peuvent plus.

Il est possible de faire autrement, aider sans se sacrifier ni jouer au pélican, en aidant le malade à redevenir adulte et actif, et qu'il se mette en situation de guérir mieux. Aidant également la famille à vivre et à coopérer.

Comment, pour le soignant, continuer à vivre normalement sa vie et se défendre contre trop d'angoisses reçues des malades et de leurs familles.

Éponger l'angoisse, la métaboliser ?

En parler est très important, partager le fardeau : *groupes de paroles*, groupes d'échanges, groupes de supervision et de contrôle.

Ceux qui croient à l'échange d'énergie entre soignants-soignés, conseillent de se laver les mains à l'eau froide. Faire couler de l'eau froide, entre les paumes et sur les bras. Sans les toucher, fait l'affaire. Prendre une douche. Se mettre au soleil, imaginer les rayons du soleil qui tombent sur soi, en pluie de printemps vivifiante, de pétales de fleurs ou de flocons de neige.

Ouvrir la fenêtre, s'étirer, respirer à plein poumons, entre chaque malade, écouter un peu de musique toutes les heures.

Et bien sûr, vous pouvez également le conseiller aux familles.

La vision du malade en tant que personne entière esprit, cœur et corps.

Normalement, nous n'avons pas d'image de son corps interne, nous avons plutôt une image du corps en miroir. Avec cet exercice, on injecte une imagerie.

Vous pouvez demander à la personne de se détendre.

Quand on se relaxe et qu'une fois relaxé on passe en revue tout le corps pour se relaxer muscle après muscle, surveiller le fonctionnement du corps, organe par organe. Créer une unité du corps morcelé, on se recrée une imagerie corporelle externe et interne, et l'organe en question se trouve être vu dans l'ensemble du corps. Le corps rentre dans le discours. Les organes sont parlés, le corps est parlé.

La maladie est stressante, et le stress augmente douleur et maladie.

Le fait de prendre du temps pour se relaxer, et aussi pour faire de l'exercice, détend et relaxe le corps et l'esprit, la personne entière, et le climat familial. On demande au malade de se relaxer trois à cinq fois par jour pendant cinq à sept minutes, en particulier matin et soir, si possible en famille.

L'esprit agit sur le corps, l'état de l'esprit agit sur l'esprit, et le cœur.

La personne entière est impliquée dans ce processus.

Le patient se retrouve, soi, et si besoin est, après un déblayage des problèmes (stress, situation personnelle), on continue par une thérapie personnelle, individuelle ou de groupe, de n'importe quelle dénomination (faite souvent par un autre thérapeute que celui qui « déblaye » le terrain et éclaire la situation avec le malade et géographiquement près du lieu où se trouve le mal.

L'estime de soi, entre épanouissement et pouvoir

Sentiment qui attache du prix à quelqu'un ou à quelque chose. Estime de soi-même, la juste opinion de soi que donne une bonne conscience. La source de toutes les consolations est dans l'estime de soi-même. L'estime de soi-même est le plus grand mobile des âmes fières. L'amour-propre fertile en illusions se déguise et se fait prendre pour cette estime.

Quand il m'apparaît surtout comme un manque, comme une espèce de Graal vers lequel nous tendrions tous, du plus puissant au plus démuni ? L'oubli de soi impossible qu'évoquent les infirmières est le plus tenace des dommages inhérents à la profession de soignant. Il est d'autant plus inconcevable que l'essentiel de la motivation à soigner s'appuie justement sur le don de soi !

Il faudrait paradoxalement que le soignant s'oublie pour se donner, ce qui ne favorise pas, loin s'en faut, cette conscience de soi qui préside à l'estimation de soi, forme active de l'estime de soi, dans un contexte d'emblée aussi complexe.

Le malentendu fondamental est protégé par l'incapacité dans laquelle se sentent les infirmières de conceptualiser quelque chose de l'ordre d'un affectif refoulé socialement. On conçoit aisément combien, dans ce contexte, la construction de l'estime de soi devient problématique. Interroger ces allants de soi implique de mettre au jour les dérogations permanentes à une symbolique qui se trouve de ce fait préservée, mais qui place les soignants face à une insuffisance insurmontable qui entretient leur culpabilité.

Le soignant a besoin de confronter son ressenti à celui des malades qui lui sont confiés. Il s'agit d'une évaluation de soi-même dans un rapport, actualisé en permanence, entre soi et ses valeurs, face à l'autre, dépendant s'il s'agit du malade, dominant s'il s'agit du médecin ou de l'administration, chacun accompagné de ses propres attentes.

L'attente d'un satisfecit du pouvoir médical vient aggraver la difficulté d'estimation de la pertinence des choix des soignants. Privilégier un shampoing par rapport à un soin vital est évidemment inimaginable, mais l'exemple est intéressant qui met l'accent sur un élément de « confort » n'entrant pas dans l'évaluation médicale. Le bien-être d'un patient en réanimation (comme ailleurs) passe pourtant par ces soins d'hygiène, mais aussi et surtout pour leur connotation « prendre soin » qui compte énormément dans le ressenti du malade hospitalisé.

Les infirmières et les tous les soignants sont particulièrement sensibles à cet aspect du fait de leur proximité avec le malade, ainsi que par l'identification avec la souffrance de l'autre qui constitue leur mode majeur de compréhension.

Le défaut d'estimation de soi, dans cet exemple, est lié à l'indécidabilité de la valeur accordée à un acte qui contribue à « la santé », mais qui ne se situe pas dans le champ médical. Quelle valeur accorder à des soins qui ne sont pas techniques ? La plus grande partie des soins reste ainsi dans un registre sous-estimé par les infirmières elles-mêmes.

Appartenant au « rôle propre » de l'infirmière, le plus souvent délégué à l'aide-soignante, le nursing est en même temps dévalorisé et convoité par les infirmières qui restent malgré tout nostalgiques d'un espace dans lequel elles jouissaient d'une grande autonomie.

La plus-value bénéficiant aux soins techniques, dépendant le plus souvent de la prescription, place les infirmières dans une situation ambiguë qui alimente leur frustration.

La difficulté d'estimation de soi s'augmente du sentiment d'un manque de considération par les médecins et les cadres infirmiers de la part que prennent les soignants dans la « guérison » d'un patient. L'impossible prise en compte de certains bénéfices est alors ressentie comme un mépris de toute la part affective qui entoure les résultats, positifs ou négatifs, des « bagarres » que symbolise souvent la lutte contre la maladie.

C'est derrière cette non-reconnaissance que s'abritent les soignants pour justifier leur incapacité à aborder ce registre. Pourtant, il ne s'agit pas tant de l'estimation du médecin que de leur propre projection négative.

Cette reconnaissance « attendue » ne produit d'ailleurs pas, lorsqu'elle se manifeste, les effets escomptés. Les infirmières semblent ne pas pouvoir se rendre compte que c'est d'elles-mêmes qu'elles doivent attendre une reconnaissance.

L'infirmière insiste sur l'équivoque qui subsiste entre soigner et traiter, qui constitue une des difficultés majeures pour l'infirmière. C'est bien d'un problème de légitimité dont il s'agit, en ce que la parole de l'infirmière à l'hôpital n'est entendue qu'à la condition qu'elle se situe dans la ligne médicale et qu'elle évite toute référence à une vision subjective des problèmes.

Il s'agit en fait d'être bien présent, entier, dans ce que j'appelle l'intégrité à tous les niveaux. Ainsi, au lieu de porter l'autre, ce qui amoindrirait sa capacité de vie mais également la mienne, je serai son accompagnateur, le rendant à lui-même. Je devrai rester à côté, en face ou en phase, mais pas en lui, ni lui en moi !

Les directives anticipées

Toute personne majeure peut, si elle le souhaite, faire une déclaration écrite, appelée « directives anticipées », afin de préciser ses souhaits quant à sa fin de vie, prévoyant ainsi l'hypothèse où elle ne serait pas, à ce moment-là, en capacité d'exprimer sa volonté.

I. À quoi servent les directives anticipées ?

Dans le cas où, en fin de vie, vous ne seriez pas en mesure d'exprimer votre volonté, vos directives anticipées permettront au médecin de **connaître vos souhaits concernant la possibilité de limiter ou d'arrêter les traitements alors en cours.** Le médecin n'est pas tenu de s'y conformer si d'autres éléments venaient modifier son appréciation (cf. *infra* IV).

On considère qu'une personne est « en fin de vie » lorsqu'elle est atteinte d'une affection grave et incurable, en phase avancée ou terminale.

II. Quelles sont les conditions pour que mes directives anticipées soient prises en compte ?

1. Condition d'âge

Vous ne pouvez rédiger des directives anticipées que si **vous êtes majeur(e).**

2. Conditions de forme

Le document doit être écrit et authentifiable. **Vous devez écrire vous-même vos directives.** Elles doivent être datées et signées et vous devez préciser vos noms, prénoms, date et lieu de naissance.

Si vous ne pouvez pas écrire et signer vous-même vos directives, vous pouvez faire appel à deux témoins – dont votre personne de confiance[1], si vous en avez désigné une - qui attesteront que le document exprime bien votre volonté libre et éclairée. Ces témoins doivent indiquer leur nom et qualité et leur attestation est jointe aux directives.

3. Conditions de fond

> L'auteur du document doit être en état d'exprimer sa volonté libre et éclairée au moment de sa rédaction.
Si vous le souhaitez, **vous pouvez demander au médecin** à qui vous confiez vos directives pour les insérer dans votre dossier, **d'y joindre une annexe attestant que vous êtes en état d'exprimer votre volonté et qu'il vous a donné les informations appropriées.**

(1) Voir la fiche concernant « La personne de confiance »

> Le document doit être rédigé depuis moins de 3 ans.

Pour être prises en compte par le médecin, **il faut que vos directives aient été rédigées depuis moins de 3 ans avant la date à partir de laquelle vous ne serez plus en état d'exprimer votre volonté**.

Vous devez donc les renouveler tous les 3 ans. Pour cela, il vous suffit de préciser sur le document portant vos directives que vous décidez de les confirmer et de signer cette confirmation. Si vous décidez de les modifier, une nouvelle période de validité de 3 ans commence à courir. Afin de vous assurer que les directives et leurs modifications éventuelles seront bien prises en compte, vous êtes invité(e) à prendre toutes les mesures pratiques qui s'imposent : mention des coordonnées de la personne détentrice de ces informations, tri des informations à conserver.

III. Puis-je changer d'avis après avoir rédigé des directives anticipées ?

Les directives sont révocables à tout moment : vous pouvez donc modifier, quand vous le souhaitez, totalement ou partiellement le contenu de vos directives. Si vous n'êtes pas en mesure d'écrire, le renouvellement ou la modification de vos directives s'effectuent selon la même procédure que celle décrite précédemment (cf. *supra* II.3).

Vous pouvez également annuler vos directives et pour cela, il n'est pas obligatoire de le faire par écrit. Mais cela peut-être préférable, surtout si cette décision intervient pendant la période de validité des 3 ans.

IV. Quel est le poids de mes directives anticipées dans la décision médicale ?

Si vous avez rédigé des directives, le médecin doit en tenir compte. Dans la mesure où elles témoignent de votre volonté alors que vous étiez encore apte à l'exprimer et en état de le faire, elles constituent un document essentiel pour la prise de décision médicale. **Leur contenu prévaut sur tout autre avis non médical**, y compris sur celui de votre personne de confiance.

Toutefois, les directives anticipées n'ont pas de valeur contraignante pour le médecin. Celui-ci reste libre d'apprécier les conditions dans lesquelles il convient d'appliquer les orientations que vous aurez exprimées, compte tenu de la situation concrète et de l'éventuelle évolution des connaissances médicales.

V. Que puis-je faire pour m'assurer que mes directives anticipées seront prises en compte au moment voulu ?

Puisqu'au moment où vos directives seront utiles, vous ne serez plus en état d'exprimer votre volonté, **il est important que vous preniez, tant que vous le pouvez, toutes les mesures pour que le médecin qui devra décider d'une limitation ou d'un arrêt de traitement puisse les consulter facilement**. Si vos directives ne sont pas insérées ou mentionnées dans le dossier qu'il détient, le médecin cherchera à savoir si vous avez rédigé des directives et auprès de qui vous les avez confiées : il s'adressera alors à votre personne de confiance, votre famille, vos proches, votre médecin traitant ou le médecin qui vous a adressé.

Pour faciliter ces démarches, plusieurs possibilités s'offrent à vous :

> le mieux, en cas d'hospitalisation, est de **confier vos directives anticipées au médecin qui vous prend en charge**, que ce soit en établissement de santé ou en ville. Dans tous les cas, vos directives seront conservées dans le dossier comportant les informations médicales vous concernant ;

> vous pouvez enfin **conserver vous-même vos directives ou les confier à toute personne de votre choix** (en particulier à votre personne de confiance, si vous en avez une). Dans ce cas, il est souhaitable que vous communiquiez au médecin qui vous prend en charge les coordonnées de la personne qui détient vos directives afin qu'il les mentionne dans votre dossier.

Textes de références

Articles L. 1111-4, L. 1111-11 à L. 1111-13 et R. 1111-17 à R. 1111-20, R. 1112-2, R. 4127-37 du Code de la santé publique

Autres fiches disponibles

Ces fiches sont téléchargeables et imprimables sur le site Internet du ministère www.sante.gouv.fr - Rubrique : « Usagers ».

- La personne de confiance
- Les règles d'accessibilité aux informations de santé à caractère personnel
- L'instruction des plaintes ou réclamations en établissement de santé et la commission des relations avec les usagers et de la qualité de la prise en charge (CRU)
- Le congé de représentation dans le système de santé

UNASP

(MARS 2006)

DIRECTIVES ANTICIPEES

Une loi relative au droit des malades et à la fin de vie a été promulguée le 22 avril 2005.

Des décrets d'application ont paru au Journal Officiel en février 2006.

Cette loi est couramment désignée en tant que "Loi LEONETTI", du nom du président de la commission parlementaire qui s'était réunie en vue d'examiner l'opportunité et le contenu de nouvelles dispositions législatives.

Il a donc paru utile de proposer une légère adaptation du "testament de vie" que le Dr Maurice ABIVEN avait suggéré en juin 2003.

Ce texte correspond à ce que la loi désigne par "DIRECTIVES ANTICIPEES".

Elles n'ont de valeur que si elles datent de moins de trois ans.

L'auteur doit donc en proroger la validité tous les trois ans, sauf s'il est hors d'état d'exprimer sa volonté, ce qui entraîne alors leur prorogation automatique.

Il peut les annuler à tout moment.

Il serait souhaitable que la personne de confiance éventuellement désignée dispose d'une copie de ces directives.

Le texte, au recto, est une proposition adaptable par chacun.

On trouvera notamment :

- (en italique et entre parenthèses) : ce qui pourrait être supprimé ;
- **en gras** : ce qui pourrait être ajouté.

MES DIRECTIVES ANTICIPEES

Je, soussigné(e), ...

Né(e) le ....

Adhérent à la Charte des Soins palliatifs (ci-jointe, précise les points suivants :

1. (*En tenant compte de ce que je désire en connaître*), je souhaite être informé de l'évolution de ma maladie de façon simple et loyale, m'aidant à cheminer vers l'acceptation de ma fin de vie. Parallèlement, ma famille doit bénéficier de la même approche.
2. Je refuse les thérapeutiques et les examens dont le but ne seraient pas de privilégier la qualité de vie. Cette attitude doit prévaloir aussi bien qu'il s'agit de l'évolution terminale d'une maladie chronique que d'un accident aigu.
3. La prise en charge de douleurs physiques doit faire appel aux techniques confirmées et actualisées. Si mon médecin rencontre des difficultés dans la mise en œuvre des traitements, je lui demande de consulter un spécialiste (algologue) de la même façon qu'il le ferait pour une maladie cardiaque. Dans les cas extrêmes, j'accepte de bénéficier d'un sommeil induit mais intermittent.
4. Je souhaite bénéficier, ainsi que ma famille **et mes proches**, d'un accompagnement par une équipe pluridisciplinaire incluant des bénévoles, et à chaque fois que nécessaire d'un psychologue,*(et si je le désire, d'un soutien spirituel ou religieux).*
5. Si je suis atteint de troubles cognitifs (maladie d'Alzheimer ou apparentées), je demande à être traité(e) comme une personne à part entière. Que mes proches et les soignants m'aident à utiliser au mieux mes facultés restantes, en particulier celles correspondant(es) à mon affectivité **et à ma spiritualité**. Je souhaite qu'aucune intervention médicale ou chirurgicale autre que celles destinées à soulager un état douloureux ne me soit prescrite.
6. Dans mon grand âge, cette attitude doit également prévaloir.
7. Je refuse : préciser les traitements refusés.

   ....

   ....
8. Je refuse tout geste d'euthanasie.
9. *(Je désire être soigné et mourir dans mon lieu de vie, dans les limites du raisonnable).*
10. Tout médecin qui ne partage pas mes convictions et qui ne se sent pas dans la capacité d'assurer mes souhaits est autorisé à me confier à un autre confrère.
11. Au cas où je serais dans l'incapacité d'exprimer mes volontés, je désigne comme personne de confiance Monsieur ou Madame (nom, prénom, adresse) :

    ....

    ....

Fait à : le : Signature

Le toucher pour tous

Le toucher juste est écoute et communication, PRÉSENCE à l'autre et accompagnement.

La première qualité, c'est d'être bien avec soi-même, d'être posé dans ses gestes, son attitude et sa respiration.

Définitions

Le verbe « toucher » signifie « entrer en contact avec quelqu'un ou quelque chose, de façon légère ou violente ». (Robert)

Dans le sens abstrait, « toucher » c'est aussi « entrer en contact physique » et « faire naître des émotions ».

De plus, le nom « toucher » est défini comme « celui des cinq sens à l'aide duquel on reconnaît, par le contact direct de certains organes, la forme et l'état extérieur des corps ; on distingue dans le toucher cinq sensations différentes : contact, pression, chaleur, froid, douleur ». (Larousse)

L'organe du toucher est le revêtement cutané, c'est-à-dire la peau.

Selon Didier Anzieu :
"De tous les organes des sens, c'est le plus vital : on peut vivre aveugle, sourd, privé de goût et d'odorat. Sans l'intégrité de la majeure partie de la peau, on ne survit pas."

La peau est messagère de tout un vécu psychologique, émotionnel et spirituel.

Il devient un langage quand la parole est absente. Le toucher a une grande importance car l'équilibre psychique dépend aussi de la place accordée à l'existence corporelle. Le toucher participe à ce sentiment d'existence et de valeur du corps.

Le toucher doit exister et être chaleureux. Je continue à chercher avec enthousiasme à me perfectionner, le plus humblement possible.

C'est en cela que je vais tenter de vous emmener, dans cette ambiance qui peut être réconfortante pour la personne. Mais il y a des règles bien établies pour entrer dans une rencontre entre deux individus. Surtout quand il y a souffrance physique, psychologique ou spirituelle.

Toute une histoire

Le contact relationnel : Par ma présence et en toute tranquillité et confiance qui est établie, la personne est avec moi dans cet instant. A aucun moment je ne la quitte. Je suis centrée sur elle et je suis là pour elle. Si la personne a les moyens de parler, elle va s'abandonner à s'exprimer, à dire ce dont elle a besoin. Que se soit un moment passé ensemble, un moment de détente, un moment de réconfort verbal, corporel, peu importe ce qui est important est d'établir le lien relationnel. Je peux rester avec elle le temps nécessaire. Elle sera fatiguée très vite ou, au contraire, manifester ce bonheur. Ce qui est important dans ce cas là, c'est de repérer à quel moment, le contact relationnel n'est plus.

Faire alors le choix de partir, la laisser physiquement tout en étant relié à elle.

Établir une relation de confiance par un moment de présence authentique, écouter l'expérience vécue de la personne.

Les quatre éléments fondamentaux pour une relation de confiance du toucher afin de répondre aux mieux et aux besoins :

- Contact juste
- Mouvement juste
- Pression juste
- Attitude et intention justes.

Le geste doit chercher avant tout à ne pas susciter la douleur, en donnant confiance, en aidant la personne à se détendre. Au fond, tout est dans la façon de faire et d'être.

Cette approche est le facteur temps. Ce n'est pas du temps perdu, mais du temps gagné. Je fais partie d'une équipe et si par ma présence et par ce que je vais apporter à la personne dans l'instant présent, cela va aussi dans le prolongement du reste du temps de la journée. Car la détente et le calme ainsi obtenus valent certainement pour l'équipe et même la famille, ou les accompagnants.

Que les soignants le ressentent parfois et témoignent :

« Ils devenaient avec moi plus souriants, plus détendus, voire plus optimistes. »

« Je me suis aperçue de la transformation radicale de ces patients. »

Explorer et s'intéresser au vécu de la personne : Sa façon de vivre la maladie, la chirurgie, le traitement, son expérience, ses sentiments et émotions concernant son apparence, son style de vie, ses représentations, ses objectifs et ses projets de vie, les sensations corporelles du moment dans l'ensemble du corps, de la tête aux pieds, la place du corps dans l'histoire actuelle.

Si je décide de prendre soin de la personne et que celle-ci accepte, je vais lui faire des propositions ; si elle me fait des demandes c'est encore mieux, c'est qu'elle est consciente de ses besoins et de ses désirs. L'important c'est d'y répondre, soit par la parole soit par le geste.

Pour toute personne en souffrance, c'est de la guider par vos gestes et la parole. Dites-lui votre intention et demandez confirmation que ce que vous avez exprimé est bien compris de sa part, ce qu'elle a entendue et vice-versa.

Communication tactile : Il ne suffit pas de poser sa main ni de maîtriser une technique de soin par le toucher pour être juste.

Un toucher peut être vécu de différentes façons, selon le projet et la pensée de celui qui le donne. Si l'on compare le geste à un mot, il sera accompagné de beaucoup de non verbal qui lui donnera son sens réel. Si, en touchant, la pensée est « n'ayez pas mal je suis là », le geste ne produira pas la même chose que si la pensée est « je veux bien entendre que c'est exactement là que vous avez mal, et à quel point vous avez mal ».

Le toucher, qu'il s'agisse d'un toucher pour un réconfort physique ou un réconfort moral, est un élément majeur pour la qualité de l'aide apportée.

Réhabiliter la communication intérieure

La main se pose « comme une oreille de l'âme » dans le projet « d'entendre » le patient. C'est un « toucher Écoute », un « toucher Rencontre », un « toucher Validant », un toucher « Reconnaissant ».

Le projet est un projet d'écoute et de reconnaissance, en aucun cas ce n'est un projet de pouvoir « pour le bien du patient ».

Cette reconnaissance du corps et de ce qu'il exprime aussi (et cela est très important), c'est au patient d'entendre son propre corps. Cela lui permet de rétablir une communication avec son propre corps dont, du fait de la douleur, il a tendance à se couper.

Je reconnais que si je suis auprès de la personne, c'est à sa demande ou celle des proches, qui me permet d'établir une relation extrêmement privilégiée et c'est un cadeau immense d'accueillir la situation. Je ne force jamais et fais avant tout la synthèse soit avec la personne si elle peut me parler, soit avec les soignants ou la famille.

Messager de toute une vie, le corps est là pour me dire, je le touche, mes mains se posent. Prendre contact, c'est prendre contact avec toute l'histoire de la personne. C'est vraiment à magnifier et à accueillir. Installer la personne pour tenter de la soulager dans son être.

Au rythme de ces gestes, mouvements lents, rassurants, les mains apprivoisent cette histoire, ressentent les tensions, les crispations et cherchent dans la plus grande dignité de tout être vivant à satisfaire ce besoin de confort dans sa globalité.

"Je t'accueille comme la personne que tu es, et je suis là pour toi."

Je suis là au rythme du cœur battant, des souffles saccadés, de la vie de ce corps encore si présent. Le confort et le bien-être, le respect et la dignité de tout être vivant en fin de vie. Le toucher est un acte d'humanité et d'amour par ce sens qu'est le toucher qui fait du bien, réchauffe, apaise. J'écoute et reste centrée sur la personne pendant le temps nécessaire, c'est un voyage au cœur des sens. Je ne risque rien de prendre contact par ce contact d'amour... Car il s'agit bien de cela.

Mais le toucher est plus que cela.

Il n'est jamais douloureux. Agréable à donner et à recevoir, il procure une sensation de mieux-être immédiate au malade.

Dialogue avec l'ange, G.Mallaz
"Le corps n'est rien d'autre qu'amour devenu matière"

Le toucher dans l'accompagnement des personnes en fin de vie

Définition

Les soins palliatifs sont des soins actifs qui prennent en compte l'ensemble de la personne.

Témoignage

Est-il nécessaire de rappeler que la douleur augmente dans la crainte, la solitude, l'insécurité ?

Le toucher contribue aussi à soulager la douleur physique, en facilitant le maintien d'une relation privilégiée avec celui qui souffre et est condamné à brève échéance.

Mon expérience avec G.
Elle était en phase terminale de cancer.
J'allais donc la voir tous les jours à sa demande et celle de la famille.
Un jour, je la trouve couchée et recroquevillée dans son lit, perfusée, souffrant horriblement malgré le traitement à la

morphine. Elle n'a pas parlé, sauf "bonjour", et a gardé les yeux fermés dans un visage tendu. Au bout d'un moment, j'ai poussé le lit et je me suis installée derrière la tête de lit pour lui faire un massage du visage si crispé et tendu, sans rien lui dire. Son visage s'est détendu peu après, son corps aussi, elle m'a remerciée, a enfin parlé, m'a dit qu'elle souffrait toujours, mais que c'était devenu supportable, car elle avait pu se détendre. Quelques jours plus tard, G me parlait de son ressenti, concernant le bien-être immédiat ; mais surtout de l'attention pour sa petite fille intérieure et combien cela avait été une grande réconciliation avec cette petite fille.

Il ne s'agit pas seulement de soulager la douleur physique, mais aussi la douleur morale.

Le fait d'être touché sans prétexte, sans motif thérapeutique, gratuitement, a une grande valeur pour tout malade : c'est une aide précieuse à l'approche de la mort, qui facilite ainsi la communication, et permet au patient d'exprimer ses angoisses et ses derniers désirs.

En soins palliatifs, ce ne sont ni le traitement, ni la visée thérapeutique de guérir qui sont prioritaires, mais **« prendre soin de la personne »** dans sa globalité, dans son intégrité, qu'elle vive le mieux possible les jours qui lui restent à vivre.

Les grands « petits soins »

Toucher, caresser, cajoler, masser fait partie de ces grands « petits soins » quotidiens, comme retaper l'oreiller, rehausser le malade, défaire les plis du drap, chasser les miettes de pain dans le lit, mettre le verre d'eau à portée de main, baisser le store, passer un gant de toilette frais sur le visage, se poser près du malade ou tout simplement prendre sa main.

Tous ces gestes d'aide, d'accompagnement, de compassion- « prendre bien soin de l'autre »- ont autant d'importance et de valeur pour le malade que les actes médicaux prescrits.

Le contact, le regard, l'attitude, le corps entier suggèrent sans faux-semblant la présence, l'écoute, la sécurité et communiquent la confiance, le calme, la volonté dont a besoin le malade.

C'est dans cette démarche, qui demande capacités d'écoute, de présence, de compassion et d'authenticité, que s'inscrit la pratique du toucher.

Elle est, sans doute, à l'origine du climat de confiance qui s'instaure, aide les personnes qui se savent condamnées à parler, à se confier, à se libérer, à exprimer leurs angoisses ou leurs désirs, main dans la main avec le soignant, à partir sans peur.

Cette proximité des derniers instants, le contact par le toucher peut permettre au soignant en unité de soins palliatifs ou en accompagnement de fin de vie de dédramatiser la situation, de se déculpabiliser et d'avoir le sentiment d'accomplir au mieux la tâche d'accompagnement vers la mort.

Le remarquable accompagnement par le toucher est d'une importance capitale, il est loin d'être isolé. La simplicité, le bon sens des gestes de toucher et de contact doivent inciter les soignants à inviter les proches souvent démunis et gardant distance bien malgré eux, à pratiquer et à réintégrer en douceur cette relation d'aide. Une façon peut-être pour le soignant de prendre un peu de distance, tout en passant le relais.

Un moyen de reprendre contact, de redonner un peu d'intérêt et de motivation à la personne en fin de vie. La famille se sent parfois si démunie qu'en me regardant et par mes gestes, elle se sent rassurée.

> *C'est par le corps que j'éprouve le monde et les autres, que je ne cesse d'en faire l'expérience et ce, jusqu'à la fin. Être au monde... c'est ne pas cesser d'éprouver, de sentir, d'être touché... par les autres et par les évènements.*
> *Mourir, c'est quitter cette expérience du tact et du contact, de l'émotion permanente qu'est l'expérience du corps.*

Analyse des besoins concernant le toucher chez la personne

Allons à l'essentiel : Un toucher est partie prenante de la relation, car inévitable à un moment ou à un autre, un toucher est partie prenante d'une thérapie, dans l'ensemble du système relationnel au quotidien. Par définition, un toucher approprié conforte, raffermit, renforce et rend plus solide ; il est donc vivant, actif et, à ce titre, thérapeutique.

En lui-même et par son action, il représente un complément efficace parmi les thérapies possibles.

Le reconnaître, c'est lui redonner plus de sens, pour que la vie s'exprime en l'homme et le guérisse (au sens large du terme).

Le nier, ou s'en réserver l'exclusivité, c'est :

- Abuser et se détourner du sens de la vie elle-même.
- Nier le sentiment (le senti) de la nécessité du contact et de la relation.
- S'obliger à la solitude et se couper de l'humanité.
- Condamner l'être.
- Mourir à court terme (mort spirituelle, énergétique, psychique, puis physique).

Le toucher est un soin concret. Il concerne à la fois l'âme, le cœur, l'énergie, et par voie de conséquence, la souffrance et la douleur. Ces divers sentiments étant tous intimement liés, le toucher embrasse l'être dans sa globalité ; l'intégrer dans le soin redore du blason en le restituant à sa juste place. Le reconnaître, le diffuser, le dispenser, ne fait pas de lui un acte de dépendance, mais un acte de délivrance et d'autonomie.

Il est évident que lorsque l'on pratique le *toucher*, on se trouve face à trois éléments primordiaux qui sont : soi, l'autre et la relation qui se noue entre les deux. Il est alors utile, nécessaire et précieux tant pour son propre équilibre que pour celui de l'autre, d'apprivoiser cette forme de communication.

Développer l'ouverture au *toucher-contact* que l'on vit et que l'on pose permet d'acquérir la conscience de soi, tous deux étant intimement liés. La connaissance des états d'être définira alors la juste place à tenir dans une relation d'aide, et ce toucher en conscience se transformera en un *toucher-énergie*.

La palpation peut devenir toucher…

Examiner, c'est toucher, rencontrer l'autre avec mes mains.

Je vais ainsi mieux percevoir ce qui se passe, le nommer, apprécier les causes de douleurs surajoutées : contractures musculaires, crispation d'angoisse, limitation de l'amplitude respiratoire, etc.

Je vais apprécier l'effet respiratoire libérant le diaphragme, la mobilité abdominale.

Je vais apprécier l'effet du toucher, voire du massage de l'accompagnement respiratoire.

Je vais apprécier la confiance, le relâchement, l'abandon sous mes mains, ou bien au contraire le raidissement, la crispation.

Main posée sur le corps,
Cette écoute, précise, est une communication précieuse.
Main qui rassure, conforte, donne confiance.
Main qui interroge, qui demande, qui respecte, qui cherche,
Main qui reconnaît la douleur bien plus profonde que la peau,
Main qui perçoit, qui écoute,
Main qui ressent l'abandon, la confiance ou la défense,
Main qui réchauffe, qui rassure,
Qui parfois soulage, qui masse, qui détend,
Qui met en mouvement, qui autorise,
Qui accompagne plus loin la respiration,
Main contact, main dialogue, main caresse.

Oui, l'écoute peut se faire aussi par les mains, par le regard, par le rythme respiratoire, et cela est loin d'être rare dans notre métier où le corps est le lieu privilégié de notre rencontre avec le patient où le toucher prend une place primordiale.

Laisser dire.
Oser entendre le point de vue du patient, sa compréhension à lui, son imaginaire, ses peurs, ses représentations.

Le toucher

C'est donner l'existence du corps.

Le toucher a une grande importance car l'équilibre psychique dépend aussi de la place accordée à l'existence corporelle. Le toucher participe à ce sentiment d'existence et de valeur du corps.

Quand le toucher est médical, il n'est que technique. Le toucher doit exister et être chaleureux.

Le toucher tactile est un moyen de communication au même titre que le verbal, sauf que les mots y sont remplacés par le toucher (tact).

Le corps s'exprime de plusieurs façons

- par les postures
- les regards
- les gestes
- les expressions du regard
- les expressions du visage
- les soupirs
- les pleurs
- la respiration
- la température
- la couleur de la peau

- les odeurs
- les crispations
- les tensions
- les agitations.

Toutes ces observations relèvent du langage non-verbal.

Écoute des messages du corps

L'objectif est de contribuer au bien-être de la personne en éliminant les tensions.

La respiration de l'autre est aussi notre guide.

Le lâcher-prise que le corps connaît deviendra tension pour le mental. Si le corps s'abandonne, le mental est en éveil.

Pour cela, il est important d'observer avant, la ou les parties du corps que vous allez soulager. Ce qui est important également, c'est d'observer le confort corporel, être bien installé, ajouter si nécessaire des coussins.

Le toucher que je propose n'est pas une technique mais une écoute, une conscience corporelle à travers la souffrance, le mal, la douleur et l'histoire de la personne.

Ce n'est pas forcément bon de toucher la personne là où elle a mal, car cela ne lui apportera rien, mais plutôt toucher un autre endroit. Peut-être si elle a la capacité, elle vous demandera de la toucher à certains endroits, vous dira même où elle ne veut que vous la touchiez.

Demandez-lui où elle souhaite être soulagée. Quelles sont les parties du corps en demande.

L'efficacité de votre attention toute particulière, réside dans la capacité à être à l'écoute de sa personne.

Les doigts, la paume soulagent les points de tension par des mouvements simples.

La technique à employer est dictée par les réactions de la personne.

Aller dans le geste lent, attentif, écouter et regarder sa respiration, car la respiration permet de se relâcher encore et encore. Observer, attendre, écouter ce qui se passe dans cette dynamique. Prendre le temps, même pour un seul geste. Lâcher prise !

Plus vous allez ralentir votre rythme, plus la personne va s'abandonner avec le geste que vous lui proposez.

La main qui écoute

La main qui masse appelle la vie, réveille la sensibilité qui s'est retirée de certaines zones mortes, elle apprivoise les endroits contractés et douloureux en répartissant le stress.

Pour y parvenir, la main est constamment à l'écoute, modifiant sa pression en fonction de la résistance des tissus et des informations sensorielles qu'elle y découvre.

Elle enveloppe, épouse, nourrit, rassure.

La main va s'adapter aux besoins du corps de l'autre.

Certaines parties du corps ont besoin d'être reconstituées, elles ont besoin de retrouver leur forme grâce à un contact appuyé, répété, imprimé.

A d'autres endroits, la main percevra l'exagération de la forme, le gonflement et les nœuds des zones contractées.

Elle les approchera lentement et le plus légèrement possible sans réveiller la douleur, cherchant à disperser la tension accumulée. Ainsi la main va découvrir des creux et des bosses.

Les creux vont souvent signifier des manques, ce sont des zones d'où la sensibilité s'est retirée dans un premier temps vers des couches plus profondes, puis le corps lui-même s'est creusé, entraînant des compensations.

Les bosses et les raideurs traduisent une forme de protection plus tardive contre des situations difficiles à assumer ou des impacts sensoriels négatifs.

Elles sont le réservoir d'émotions de toutes sortes qui n'ont pu s'exprimer.

Alors que le manque de sensibilité trahit un manque général, une zone contracturée est plutôt en liaison avec une situation répétitive précise, avec un comportement à tendance névrotique.

La main qui masse va se faire plus légère étalant la tension, équilibrant le tonus musculaire avec les zones voisines de façon, non pas à réveiller le comportement problématique, mais à ouvrir la voie à d'autres possibilités de réactions.

La personne qui masse ne considère pas forcément la tension comme une résistance à vaincre en appuyant fortement.

Elle vise au contraire par une pression douce et étalée, par un toucher positif, à ouvrir l'espace relationnel, à recadrer le ressenti.

Le massage pose d'abord la question : de quoi as-tu besoin ? Avant de demander : qu'est-ce qui ne va pas ?

Être attentif aux compensations, en recherchant les vides en relation avec les zones contractées.

Il comble les manques en insistant sur les zones en creux et étale avec douceur les zones en excès.

Il apporte d'abord les sensations positives qui ont manqué en remplissant les besoins du passé toujours présent dans le corps.

Le toucher est réparateur avant d'être libérateur.

Les gestes de base

Le toucher utilise des positions des mains et des mouvements de base. Tous ses gestes de base doivent être aussi légers que possibles et respectueux pour la personne.

L'effleurage

L'effleurage est utilisé pour les grands mouvements d'harmonisation.

Il consiste en une pression légère et douce de toute la main bien étalée.

La pression glissée

Les mains sont étalées comme l'effleurage, mais la pression est plus forte et repousse la peau qui forme un petit bourrelet en avant du mouvement.

La pression glissée est le mouvement de base pour la détente musculaire. Elle favorise en profondeur l'irrigation sanguine.

Le pétrissage

Le pétrissage est un mode de massage qui consiste à soulever, presser, comprimer et tordre souplement les tissus qui ont été saisis dans les deux mains.

Il est formellement déconseillé en cas de problèmes veineux ou capillaires.

La friction

La friction consiste, par des mouvements de va-et-vient répétés, circulaires, à presser les tissus sous la peau.

C'est un mouvement spécifique qui vise à dissoudre les tensions.

Oser un toucher au moment juste

- **Je suis dans le moins**

Si je me retiens, me limite, m'inscris dans un champ faux, si je charge la situation de forces déstabilisantes, l'autre, en réaction, ne peut que tenter de s'ouvrir et de me faire ouvrir, de se fermer et de s'éloigner, ou de me chercher et de trop s'avancer, car il a besoin de la rencontre.

- **Je suis dans le trop**

Si je cours trop vite dans un toucher, le rendant ainsi trop fort, si je passe totalement à côté de l'autre, et que je m'efface, croyant et voulant être trop présent, ce trop, alors, pourra être de trop aussi pour l'autre ; il pourra le blesser et être l'occasion de me réduire.

Le toucher se fait en énergie douce, c'est-à-dire en posant doucement la main, en ne la laissant ni plus ni moins que le temps nécessaire, et en la retirant très délicatement, doucement, sans créer de rupture, de coupure, ni d'autres déchirures.

Il se peut qu'on ne puisse pas toucher avec la main, peut-être parce que l'autre a été abusé, envahi ou violenté, déjà cassé par un toucher. Peut-être aussi n'est-il pas prêt à ce contact qui n'est pas encore possible.

Dans ces cas-là, vous toucherez autrement

- **Par le regard**

Celui d'un être qui vit sur sa propre identité, qui se fait confiance, qui est dans sa sécurité, dans son centrage et son ancrage. Ce regard là touchera l'autre, l'unifiera, le rencontrera, le globalisera et le réconciliera. Cela peut être la seule façon de toucher un être, par ailleurs intouchable.

- **Par le toucher des pieds**

Il permet et facilite l'ancrage, cet élément sans lequel il ne peut y avoir de centrage et sans qui la personne aurait bien du mal à gérer son équilibre, donc sa fin de vie.

- **Par votre parole**

Elle ne touchera que bien placée, c'est-à-dire que si les mots sont vrais, s'ils viennent du cœur, de votre simplicité.

- **Par votre façon de vous mouvoir et d'écouter l'autre**

La manière d'entrer, délicatement, respectueusement, et non en intrus ou en force, montrera votre écoute respectueuse de l'autre, de son dire. Tout peut toucher le souffrant, dès lors que vous vous respectez et que vous le respectez.

- **Par le silence**

Le silence représente un plus qui pourrait bien servir de préambule. Apprendre à vivre avec le silence, à s'y déplacer, à s'y placer, à s'y aimer, à s'y sentir libre, pour être à l'aise avec soi-même ; pour être à l'aise face au silence de l'autre, pour entendre au-delà des mots, en acceptant ce silence, dans ce qu'il est et ce qu'il vit.

- **Par votre état d'écoute**

Je suis là, j'entends, tu peux me dire... Je n'interprète ni ne juge... Je t'écoute, tu me parles, et ça peut me parler, le temps d'un soin. Peut-être parce que personne autour de toi n'a su le faire, n'a pas pris le temps ou le soin de te donner cette écoute... depuis longtemps. C'est ton histoire, ton choix, ta liberté.

Le toucher et les limites

Les limites seront abolies si vous êtes dans le vrai car, alors, vous ne vivrez le toucher que jusqu'où et comme il est possible d'aller. Il faut faire avec ce qui est, avec ce qu'il y a au moment ou dans l'instant présent, ici et maintenant.

Des limites, il y en a partout et nous en avons tous, moi, l'autre en général. Chacun a son moment, son vécu, sa souffrance, sa fermeture, consciente ou inconsciente, ses aptitudes, son développement et son ouverture.

Il s'agit d'être honnête avec soi-même, de se reconnaître, dans ce que l'on vit ; il s'agit de savoir se positionner face à l'autre, avec ce qu'il est et ce qu'il vit lui-même. Il est important de s'ajuster dans le plus grand respect !

La véritable limite vient de la rencontre, de sa profondeur, de sa richesse, de ce qui émane de chacun des deux : vous et l'autre personne, de leurs places respectives.

Plus vous êtes libre, ouvert, acceptant, plus il y a de dimensions exploitées, reconnues, vécues, et plus vous pourrez aller à sa rencontre et élargir son champ.

Les limites qu'il posera peuvent reculer, voire ouvrir.

C'est là qu'il faut poser intégrité, honnêteté et Amour de soi, en s'acceptant dans ce qu'on est et en reconnaissant l'autre dans sa différence, dans sa beauté, dans sa personnalité, dans ce qu'il ouvre. Ce qui permettra une belle relation, enrichissante et libre, avec un champ du possible agrandi.

A l'inverse, je dirai que, lorsque la limite de l'autre est contenue, farouchement défendue ou volontairement maintenue, il est évident que le champ d'action diffère.

Il est probable que ce retranchement est la seule forme de liberté qui lui reste ! Il trouve là, la certitude de ne pas s'effondrer ou de ne pas être annihilé par son entourage (anéantir-détruire), ses difficultés ou plus précisément par une relation pénible et lourde !

Le bousculer à ce moment-là consisterait à s'imposer, à forcer, à ne pas respecter, et même à exercer une sorte de pouvoir sur celui qui, devant vous, souffre déjà de ces abus.

Chacun, soignant/soigné, a ses limites, sa pudeur, sa méconnaissance et sa connaissance, sa conscience du corps, sa liberté personnelle, sa sensorialité.

Vécue, reconnue, acceptée comme telle, placée, gérée, celle-ci ouvrira à une autre communication : ni inhibition, ni pudeur excessive, ni blocage, ni verrouillage et aucune interprétation sur un toucher, d'où une aisance relationnelle plus grande.

Le corps, notre corps

Je travaille beaucoup sur le corps. Il s'agit de se réapproprier et de réutiliser les multiples langages qui sont à notre disposition pour apprendre à se différencier, à se définir, à se positionner, au lieu d'être défini et « parlé » par l'autre. Je travaille également sur la respiration qui est notre premier langage, bien avant le regard, le toucher, le senti, la parole qui vient bien plus tard.

Les trois éléments d'une relation-santé sont : oser demander, oser recevoir, oser refuser, et cela, dans les multiples langages qui sont à notre disposition. Un corps en santé est un corps où l'énergie circule librement, mais de notre confrontation avec la vie naît des blessures qui parfois s'enkystent jusqu'à devenir des cancers.

C'est donc bien d'un regard qui touche dont j'essaie de vous parler.

Ce toucher psychique, à l'image du toucher physique, est toujours à double sens.

Rappelons-nous cette phrase qui revient continuellement dans les écrits traitant du toucher : « On ne peut toucher sans être soi-même touché » (Ajuriaguerra J., 1989). La polysémie du mot « toucher » permet de l'entendre dans tous les sens.

Mon propos est délibérément centré sur ce toucher intérieur. C'est aussi celui qui permet le contact entre l'affect et le corps, c'est-à-dire l'émotion, celui qui fait lien entre l'affect et la représentation.

Nous savons qu'il existe divers mécanismes de défense dont la fonction consiste à séparer ce qui tend à ne faire qu'un tout.

Dans la relation aux patients, il arrive que des représentations inconciliables, maintenues inconsciemment séparées sous peine de laisser surgir l'angoisse, s'accolent malgré tout.

Une infirmière fait un soin du visage, le patient ayant une hémi-face rongée par le cancer. Le soin consiste à gratter les tissus morts et à aspirer le pus. Subitement, une pensée envahit cette soignante : « Je suis transformée en un thanatopracteur, c'est un corps mort que je prépare pour l'enterrement je ne suis plus à l'étage, je suis au sous-sol (funérarium) je suis là pour le soigner, pas pour ça. Cette odeur c'est les égouts, c'est sous terre ».

Situation intenable où l'isolation qui maintenait la représentation de la vie séparée de la mort ne peut plus tenir.

Je vous rappelle que l'isolation est un mécanisme de défense qui permet de maintenir séparés un affect et une représentation conflictuelle, la représentation pouvant ainsi rester consciente.

L'isolation peut également être la séparation de deux pensées (la vie/la mort), ou deux comportements qui en réalité sont liés, leur relation ne pouvant être reconnue sans angoisse par la personne. (S. Ionescu, 1997)

Là encore un regard qui touche. Celui-ci se pose sur un visage qui révèle que, depuis le début de notre vie, nous ne cessons de nous approcher de notre mort ; vie et mort existent dans notre monde, ce que l'inconscient, cet autre monde (interne), s'ingénie à nier, ce qu'un soignant, par vocation, s'ingénie à éloigner. Alors même qu'il sait, parce qu'il en a fait le choix, qu'il est là pour accompagner des hommes et des femmes jusqu'aux limites de leur vie. Parfois, avec une dévotion telle qu'il regrette de ne pas être Charon, le passeur du Styx.

Le cœur

Apprendre à ouvrir notre cœur, à écouter, à respecter, à faire confiance, à ce que nous ressentons dans notre cœur est un des enseignements les plus importants de la vie.

Même si parfois notre cœur peut nous sembler illogique ou irrationnel, nous savons de manière intuitive que ce qu'il ressent s'approche bien de la réalité et a plus de sens que tous les arguments que notre tête cherche à nous imposer.

Un cœur ouvert voit la beauté inhérente à l'intérieur de chaque être.

Un cœur ouvert ressent un amour des plus profonds sans dépendre de rien, de qui que ce soit.

Cet amour existe simplement, tout comme brille le soleil, existe sur nous tous sans aucune distinction.

Analyse des besoins concernant le toucher chez la personne en fin de vie

Il existe une communication non verbale entre les êtres vivants, dont ils n'ont pas conscience et qui dépasse, à leur insu, les informations qu'ils ont voulu transmettre par leurs paroles :

- Le regard perçoit la justesse ou l'hésitation du geste.
- L'odorat réagit.

- L'oreille, qui perçoit le timbre et le débit de la voix, a une grande importance. Tout comme le regard, elle permet de percevoir la peur, l'anxiété.

Tous les sens contribuent à enrichir nos relations.

Les émotions (peur, tristesse, joie, colère) représentent une véritable communication émotionnelle : toute rencontre confronte chacun à ses propres émotions, en résonance à celles d'autrui.

Dans la relation soignant/soigné, deux individus se rencontrent à travers le regard, la voix, le geste. La rencontre tactile a donc cette particularité de concerner aussi bien l'approchant que l'approché.

Toucher, c'est instaurer un lien concret, palpable, entre le malade et soi-même.

Nous devons savoir ce que nous voulons faire passer à travers nos gestes. Si nous sommes clairs avec nous-mêmes, nous ne nous trouverons pas dans des situations ambiguës. Nous devons avoir conscience que chaque geste quotidien, ainsi que la manière de le faire, va conditionner notre relation à l'autre et les liens qui vont en découler. Parfois ces liens pourront être vécus dans la dépendance, la crainte. Ils pourront réveiller la peur (de l'infection par exemple) ; une réaction de recul pourra même s'installer (peur du virus du sida). De cette relation et de ces liens pourront naître une grande souffrance morale, en plus d'une douleur physique.

S'approcher du corps souffrant, abîmé par la maladie, fait peur et renvoie le soignant à lui-même... à la maladie, à la mort que chacun s'évertue à chasser de son esprit. Très souvent, le soignant se protège en ne voyant le patient que comme la maladie et non comme une personne. Cela lui évite certainement de se laisser toucher émotionnellement, au détriment de la relation thérapeutique elle-même.

Tout comme le malade, le soignant est une personne unique, avec son histoire, son savoir-faire et son savoir-être.

Chaque jour, il est confronté à la douleur, la souffrance, la maladie, la mort de l'autre. Ces différentes situations peuvent parfois faire écho à son histoire personnelle et le mettre en difficulté.

Il est alors nécessaire de savoir rester humble et d'être capable de dire que ce soin, cette rencontre aujourd'hui est difficile pour nous.

Nous avons face à nous des personnes à part entière, capables d'entendre et d'être acteurs de leurs soins.

Un soin réussi passe par l'authenticité de la relation et donc par une attitude congruente. La maladie, l'hospitalisation s'accompagnent d'une régression plus ou moins consciente qui réveille le petit enfant qui sommeille en chaque adulte.

C'est à ce niveau qu'intervient le toucher ; il faudra donc être prudent, très respectueux, afin de ne pas susciter la peur, l'angoisse.

Le toucher ne s'impose pas, ne s'exige pas et se propose en respectant l'autre dans toutes ses dimensions.

Il favorise l'écoute, ainsi que la communication verbale et non verbale et fait prendre conscience de son corps et de son image.

Pour cela, il faut que l'auteur du geste ait dépassé sa propre culpabilité, qu'il ne reste pas dans l'attente de la reconnaissance du malade, ou d'une manifestation immédiate du bien-être qu'il aura pu apporter ; il ne doit pas se croire coupable en cas d'échec.

Chaque personne est reliée à une autre par un état physique, émotionnel, philosophique et spirituel. Cela implique pour chacun, et encore plus pour le soignant, un réel respect des différences, en adoptant des attitudes telles que :

- Ne pas juger.
- Admettre, comprendre, tolérer.
- Parfois, favoriser l'expression de sentiments ou d'opinions que le soignant peut réprouver.
- Respecter l'autre, c'est croire intimement qu'il est unique et qu'il est le seul à posséder tout le potentiel spécifique pour apprendre à vivre de la façon la plus satisfaisante pour lui.

Il faut tenir compte dans notre pratique de la perception des soins et du soignant par la personne. En effet, en fonction de sa culture, de son vécu, une personne pourra vivre un soin comme une violence, alors qu'une autre l'acceptera et le vivra comme quelque chose de normal. Les sciences humaines permettent cette connaissance des individus et donc une prise en charge adaptée.

Il est alors nécessaire que chaque personne qui s'implique dans un soin avec une autre personne sache ce que cela signifie d'être un soignant.

Quel bonheur pour le patient que de se sentir exister, c'est l'antidote contre l'anxiété, le sentiment d'isolement, la dégradation du schéma corporel, la dévalorisation de soi ; c'est la sensation de se sentir en forme. C'est une aide précieuse pour améliorer et maintenir la communication et répondre au besoin inassouvi d'être touché et **« encore touchable »**.

Témoignage

Je vais voir pour la première et la dernière fois Madame F. qui était en phase terminale d'un cancer généralisé. Recroquevillée sur son lit, elle ne souffrait pas ayant le traitement nécessaire. Je savais qu'elle savait, son regard ne trompait pas. Je lui pose la question : de quoi avez-vous besoin ? Oh mes jambes, massez-moi mes jambes. Dans un geste si lent et avec le sourire, oui, car cette dame me souriait, je lui ai donné les gestes d'amour dans la douceur, et j'ai senti ses mains se déployer, cherchant les miennes. Nous sommes restées mains dans les mains pendant plus de deux heures, dans cet état de sourire profond du cœur. Vivant avec elle un instant important pour elle, le seul mot qui lui est venu fut « Maman ». Quelle belle et grande dame.

Madame F. est morte le lendemain.
Merci de votre confiance.

La place des huiles essentielles dans l'accompagnement des personnes en fin de vie

L'origine

Depuis la nuit des temps, soigner est un ensemble de gestes et d'attitudes posées qui apaisent, accompagnent, assistent en offrant spontanément ce qui nous semble faire du bien à l'autre.

Le toucher de confort est une approche complémentaire positive par ses effets, à porter de main de tous qui rassure et soulage la personne. C'est aussi une sensibilisation à la communication. Ce travail m'a confirmé que le toucher de confort est un outil d'accompagnement privilégié pour la personne en situation de douleur ou de soins palliatifs et qu'il fait partie du rôle autonome du soignant. Le langage des derniers moments de la vie doit donc s'approcher autant que cela se peut du langage universel que l'on appelle compassion. Il passe toujours par des mots simples mais aussi par des regards et même par une simple présence. La présence contenante, l'écoute empathique et neutre, peuvent favoriser l'expression des émotions, l'apaisement des tensions et finalement contribuer à une acceptation progressive de la mort à venir. Il faut beaucoup de souplesse et d'intuition pour intervenir dans un cadre où les objectifs sont difficiles à définir.

La rencontre avec la confiance

Si la confiance respectueuse est réciproque, c'est que les attentes existent de part et d'autre de la relation. La confiance est fondamentalement une prise de risque car elle ne peut « se construire qu'à partir d'une vulnérabilité acceptée, paradoxalement stratégique et d'une sorte de partage d'une incertitude raisonnable de ce qui peut advenir ».

Le réel

La souffrance des derniers jours peut être adoucie et lorsque la douleur est prise en compte, les soins palliatifs proposent aux patients de vivre l'instant présent : redevenu un temps riche de relations, d'échanges et d'émotions.

Les mains essentielles accompagnent

L'accompagnement aux personnes en fin de vie, c'est rester avec ses mains si proche de l'autre qu'elles sentent qu'elles ont besoin de se sentir exister.

L'intégration de l'aromathérapie en soins palliatifs et de l'accompagnement en fin de vie

Je n'ai rien inventé, j'ai étudié et mis en pratique depuis tant d'années et les résultats sont émerveillants. Je me sers de certaines huiles dites subtiles pour permettre à la personne de mieux vivre ces instants sacrés. Certaines associations d'huiles essentielles et végétales ont aussi toute leur importance en soins palliatifs et en fin de vie. Comment agissent-elles ? Elles ont les vertus nécessaire pour agir sur différents plans que ce soit physique, émotionnel et même spirituel.

Leur pouvoir curatif réside dans leur capacité à produire un état de relaxation et à engendrer une sensation de bien-être et de détente.

On peut les associer dans les thérapies de toucher et ainsi faciliter le « passage ». Ces huiles essentielles très concentrées, biochimiquement définies agissent sur le corps, l'âme et l'esprit.

Extrêmement concentrées, les huiles essentielles sont à utiliser avec précaution pour un usage à bon escient des différents modes d'applications.

Exemple : huile essentielle de la "Rose de damas"

Amène le lâcher-prise, à tout moment, idéal pour accompagner une personne en fin de vie ou affronter un deuil (associer avec du nard). Sur le plan psychique, la rose est considérée comme la caresse de l'âme. Certes, elle peut pallier bien des maux, mais elle est surtout un baume pour l'âme, et dans ce sens, elle apporte à chacun ce qu'il espère en retirer.

La rose nous ouvre a notre conscience, et pensons-nous, conduit a la foi. Surtout au respect. Au respect du principe féminin, au respect de la femme dans tout ce qu'elle représente de vertu, de beauté, de pureté, de tendresse et de sacrifice. De fragilité aussi. Elle nous montre que la beauté, la véritable beauté, se contemple, se respire, mais ne se profane pas. La vraie beauté, comme l'amour, se vit, simplement. Divinement. Remercions-la d'exister.

**Conseil pratique*
2 ou 3 gouttes sur le plexus solaire et/ou sur la face interne des poignets et/ou dans la paume des mains 1 à 2 fois par jour.

Exemple : huile essentielle "Nard " *Nardostachys jatamansi*

Spirituelle, cette huile au parfum épicé et musqué est connue pour élever l'esprit et favoriser le zen, l'équilibre émotionnel et la paix intérieure. Elle soulage les tensions quotidiennes, le stress, les angoisses, les insomnies et les migraines. Elle s'utilise aussi pour surmonter deuils et chocs émotionnels. Dissout les craintes et peurs.

**Conseil pratique*
3 à 4 gouttes sur le dessus des pieds, matin et soir. Puis lorsque les derniers instants s'annoncent 3 gouttes dans la paume des mains.

Exemple : huile essentielle de "Pruche" *Tsuga canadensis*
Grand conifère du sud du Québec (Canada)

Sur le plan symbolique, l'huile essentielle de pruche à l'image de l'arbre dont elle est tirée (aiguilles très douces, non piquantes) représente la douceur maternelle des végétaux de ce grand pays.

Elle aide à apaiser et libère les personnes en fin de vie et celles qui ont de la difficulté à lâcher prise, par peur ou angoisse. Elle dissout les craintes.

D'une manière plus générale, cette huile essentielle d'une saveur et d'une odeur très douce s'utilise plutôt par voie cutanée.

**Conseil pratique*
3 à 4 gouttes sur le dessus des pieds, matin et soir. Puis lorsque les derniers instants s'annoncent 3 gouttes dans la paume des mains.

**Conseil*
J'ai toujours avec moi et proche de la personne en fin de vie un flacon d'un mélange d'huile végétale de Noisette 125 ml et de l'huile essentielle de Pruche 5ml.

J'applique ou pas dans tous les cas ce mélange. Cette huile, de par toutes ses vertus, repose par excellence. A la demande de la personne et à tout moment, mes mains se préparent à accueillir cet instant là, et ce dont la personne à besoin.

Mikael Zayat : Enseignant à l'Académie Jardin de Vie (jardindevie.com), directeur du Centre de Recherche sur les Essences du Québec, président-fondateur de l'Alliance des Producteurs d'H.E. du Québec à composé une synergie aromatique dite : « Huile de Passage ».

Exemple : huile essentielle "Ylang-ylang" *Cananga odorata*

Le terme ylang-ylang provient des Philippines où l'on parle de "alang-ilang" pour se référer aux fleurs qui danse dans la brise. Son parfum agréable est sucré, musqué et fleuri.

L'Ylang Ylang déclenche la légèreté, le sentiment de la joie et par ses notes rondes et chaudes enveloppe l'être. Pour la personne n'arrivant pas à lâcher-prise, elle calme les angoisses, est relaxante nerveusement.

Apporte un sentiment de sécurité et de calme intérieur.

**Conseil pratique*
Avec 3 gouttes d'huile végétale de noisette et 3 gouttes d'huile essentielle ylang ylang, masser le plexus solaire ou la face interne des poignets.

Exemple : huile essentielle "Encens Oliban" *Boswellia carterii*

L'huile essentielle d'encens aux mille et une vertus a pour origine un arbuste d'Afrique du Nord et de certains pays arabes.

Quand l'écorce de cet arbre est abîmée, l'arbre d'encens produit alors un exsudat sous la forme d'une résine qui est utilisée afin d'en extraire l'huile essentielle par distillation à la vapeur.

D'une odeur fraîche, légère et dégagée, l'encens dissipe les lourdeurs de l'esprit. Créer la communication à tous les niveaux. Excellence de l'unité. Elle agit à tous les niveaux, unifiant le corps et l'esprit.

Libère la personne de l'agitation et du bavardage mental, apaise le stress, l'irritabilité, les soucis. Cette huile donne les moyens à entrer dans une présence à soi.

**Conseil pratique:*
Avec 3 gouttes huile végétale de noisette et 1 goutte d'encens oliban dans chaque paume de mains. Elle est le complément à d'autres huiles essentielles.

En règle générale, je me sers d'huiles dites rondes et chaudes.

1ER Colloque International

« Accompagner la vie jusqu'au dernier souffle »

Palais des Papes à Avignon
27-28 novembre 1999

Organisé par Gérald Pages au profit de l'association REGAIN

Conférences animées par Patrice Van Eersel avec :
Docteur Michèle Salamagne, membre d'honneur de la SFAP
(Société Française d'Accompagnement et de Soins Palliatifs)
Danielle Beck, co-fondatrice et directrice de l'unité
de soins palliatifs « Rive-Neuve » en Suisse
Docteur Anne Chavet, algologue, DU de douleur et
Médecine Psychosomatique, initiatrice du PAD
(Provence Avignon Douleur)
Daniel François-Watcher membre du Comité d'Ethique
de l'Assistance Publique et de l'unité de soins palliatifs
de l'Hôtel Dieu à Paris
Docteur Constance Yver, responsable d'une unité
de soins palliatifs à l'hôpital Cognac Jay à Paris

Ateliers animés par
Chantal Bertheloot, co-fondatrice de l'unité de soins palliatifs
« La Maison » de Gardanne (13)
Christine Salvador, infirmière et thérapeute
Sophie Pinel, fondatrice de l'association REGAIN

Intervention de Christine Salvador

A la base je suis infirmière. Je me suis aperçue qu'en tant qu'infirmière, je passais un court temps avec les personnes, soit pour une toilette ou un soin, un pansement. Au bout de dix ans, j'ai compris que quelque chose n'allait plus dans cette dynamique car au niveau de mon développement personnel, il y avait eu des choses très intenses. J'ai décidé d'enlever mon chapeau d'infirmière et de prendre du temps avec la personne qui était en face de moi car il est, je pense, très important de prendre du temps et d'être proche de la personne qui a ce besoin-là. Souvent les infirmières et les médecins n'ont pas cette disponibilité.

J'ai commencé à faire une formation qui s'appelle le Sensitive Gestalt Massage. Dans cette approche, c'est une dynamique de l'instant présent, l'ici et maintenant. J'ai compris ensuite que le travail du corps est une chose mais que pour comprendre comment un corps fonctionnait avec son esprit, son cœur et son corps on avait besoin de connaissances. J'ai continué en faisant ostéopathie, acupuncture, et j'ai commencé à mettre au service mon évolution personnelle. J'ai également fait une formation d'aromathérapeute, c'est-à-dire que je travaille avec des huiles essentielles qui donnent un plus au travail de cette écoute du corps.

Je ne suis pas habituée à parler en public car mon travail est un travail de terrain et de fourmi. Je suis impliquée dans des situations parfois difficiles autant pour moi que là où je vais. Je travaille surtout à domicile et occasionnellement en milieu hospitalier à la demande. Je fais mon travail dans une grande discrétion. C'est une approche délicate et précieuse. Et c'est de l'ordre du précieux que j'ai envie de vous parler, de l'ordre de la relation de cœur à cœur et non de la relation mentale. Le corps est témoin de ce qui se passe, de l'histoire de la personne, de ses malaises, de ses souffrances. J'interviens en médiateur car je suis témoin de beaucoup de choses.

Accompagner une personne par le toucher est prendre le risque - je prends beaucoup de risques - d'entrer en relation et en contact avec son histoire et respecter sa vie. Toucher l'autre dans sa globalité favorise la confiance, le respect, et l'amour. L'Amour est très très important, peu importe là où on le trouve et le ressent. Cela demande une disponibilité et cette disponibilité s'appelle l'Amour.

L'exploration avec la personne est très très fragile et il y a surtout à respecter son palier et ne pas prendre de risque d'aller au-delà de ses limites. Quand une personne a besoin de mon aide je la prends là où elle en est, dans l'instant où elle est et j'essaie de respecter son histoire, sa vie, de ne pas porter de jugement. Cela demande une présence discrète et très calme.

L'accompagnement est discret car on touche non seulement son corps mais son histoire, sa vie et là on s'adapte à son besoin. Le travail demande beaucoup de temps et de disponibilité de la part de chacun, beaucoup beaucoup de tolérance et il est essentiel de collaborer avec l'autre. Il y a une relation et la collaboration est fondamentale.

Quand je pratique l'accompagnement en fin de vie, je me mets dans la disponibilité la plus totale, c'est-à-dire que la personne ou la famille sait que je suis disponible et peut être présente 24 h/ 24 h si la personne le demande ; et l'entourage le demande. Je n'ai pas de mari, pas d'amant, pas de compagnon, pas d'enfant, donc je prends cette disponibilité et c'est mon choix, tout en sachant que j'ai une vie privée très épanouie et vivante. J'ai fait le choix d'être au service pour les autres depuis très très longtemps.

Etre présent aux côtés de la personne en respectant son cheminement et son rythme suppose beaucoup de disponibilité et de vigilance, invite à être présent à l'instant présent ici et maintenant. Etre dans cet accueil demande de la simplicité : simple, simple, simple. Rien n'est compliqué à partir du moment où cela ne part pas de l'esprit mais du cœur, c'est simple d'accompagner une personne : de l'attention au plus près du corps et de l'esprit. Des gens se rendent complètement dans leur tête par peur ou panique ou angoisse. La disponibilité du cœur est possible et elle est dans l'ouverture, elle ne sera jamais fermée. L'esprit peut fermer mais pas le cœur. De toute façon la collaboration est nécessaire à la survie.

De par mon travail, je suis également très observatrice de comment est la personne, je sors toutes mes antennes et mes cinq sens et je me mets dans la disponibilité de l'accueil de ce que je vois et sens. J'ai des repères comme voir comment est la personne dans sa posture car j'agis dans l'instant. Il y a un travail suivi à long terme pour les personnes qui font appel à moi et qui sont des personnes en santé. Pour les personnes en maladie, j'accompagne la personne avec sa maladie et pas l'inverse, comparé au rôle d'infirmière ou de médecin. Je suis en fonction de ce qui se passe au niveau de la pathologie.

Les postures, les regards expriment, disent sans les mots. Je n'ai pas besoin de mots pour entendre et me mettre dans cette écoute-là. Avec les expressions du visage, je sens si la personne est en douleur, en souffrance, dans quel état d'âme elle peut être à l'instant où j'arrive. C'est magnifique car c'est une écoute qui demande une disponibilité intérieure et c'est le fruit d'un long chemin ; cela demande une disponibilité au niveau du cœur, être soi tout simplement. Les soupirs, c'est la respiration ; accompagner une personne dans ses soupirs en soupirant également. Une personne a des résistances dans la respiration et je l'accompagne avec sa résistance dans sa respiration. Les pleurs, les larmes sont révélatrices de blessures, de peurs, j'accompagne ces larmes. La température : simplement de poser la main sur le visage, le front, le corps, la main, permet d'avoir aussi un repère sur l'état émotionnel de la personne. C'est un très bon révélateur émotionnel de l'état de l'instant. J'observe aussi la couleur et l'éclat de la peau, les odeurs, les crispations : dans quelle positon est la personne, comment sont ses mains, sa tête. Les tensions et l'agitation sont révélateurs pour le cœur et l'intuition. Je travaille avec l'intuition qui est un sens à développer chez chacun et qu'il est possible d'utiliser comme outil thérapeutique.

Toucher cela veut donc dire pour moi respirer l'autre, et savoir où le respect lui permet d'aller, exige de mes mains toujours plus de finesse. Je collabore avec mon savoir car j'ai besoin de comprendre le pourquoi du comment au niveau de la pathologie et de la maladie. Il y a aussi tout un respect et plus de finesse à avoir. La personne est un mystère vivant à respecter et honorer. Le travail corporel est inspiré par cette qualité d'amour qui sait être présence attentive, sans rien attendre et rien vouloir de l'autre. Je n'attends rien, c'est l'autre qui me dit tout, qui me guide dans toute cette approche corporelle que je peux avoir. Je ne m'impose pas dans mon savoir car j'ai une connaissance, mais je me mets au service de cette dimension corporelle de l'Etre. C'est tout ce qui implique le contact, la relation tactile avec le corps, transformer en conscience ce que l'on met dans nos gestes, nos regards, qui seront le tissu de la rencontre. C'est fondamental d'être en conscience, sinon faites attention. Si vous ne savez pas, alors dites-vous je ne sais pas. Attendez, respirez, écoutez, ressentez ce qui se passe, mais ne faites rien. Nous ne sommes pas dans le faire mais nous sommes à Etre. Je l'ai constaté à plusieurs reprises. Par moment, mon mental peut s'emballer à être dans le faire, or il n'y a pas à faire mais à être dans sa globalité.

Il est difficile de parler de cet état car c'est un état qui est de l'ordre de la permanence. Chacun de vous a ce potentiel, il suffit de le mettre au service et d'entendre aussi ce qui se passe chez vous. Si je pose la question à la personne qui a besoin de moi, je me la pose à moi avant. C'est fondamental de ne pas être dans le bavardage ou le bla-bla. Etre dans l'axe. Parfois le mental galope. On se recentre, recanalise, alors de grandes possibilités s'ouvrent et vous ne risquez absolument rien du tout.

L'approche du corps, c'est une relation à soi par le toucher. Ce que je propose à la personne c'est de se détendre, de s'autoriser à se faire toucher tout en sachant qu'il y a toute une approche à respecter. Si elle a envie de se faire toucher, c'est délicat. 90 % des gens qui m'appellent sont des gens qui ont ce besoin, qui m'ont cherchée alors que j'habite en pleine campagne dans le Lubéron. Il faut qu'il y ait une demande, c'est sûr, car je suis médiateur. L'approche par le massage permet d'être le médiateur entre le médecin, le « kiné », la famille. C'est une grâce pour la personne car, par le massage, elle a des moments de répit et cela devient alors plus facile pour l'équipe autour d'accompagner. Les médecins me remercient et me disent combien le travail a été bénéfique, permettant à la personne d'être plus à l'écoute d'elle-même et moins en souffrance dans son corps.

Cela me demande du temps. Selon son état physique, émotionnel et psychique, je peux lui proposer de toucher son corps, porter de l'attention, le toucher, le masser. Etre présente.

Quand on peut prendre contact avec la personne, on peut également prendre contact avec tout son corps. La négociation est possible. Le massage que je propose n'est pas une technique mais une écoute, une conscience corporelle à travers une écoute, à travers la souffrance, le mal, la douleur et l'histoire de la personne. Ce n'est pas forcément bon de masser une personne là où elle a mal, car cela ne lui apporte rien. Mieux vaut masser un autre endroit car il est en meilleure santé et cela sera plus facile que de toucher la partie en souffrance. Le travail s'ouvrira par la tendresse vers la détente, vers la relaxation pour améliorer le trouble.

Améliorer le trouble simplement. Etre à côté de la personne, la prendre là où elle est et l'emmener là où elle peut sur son chemin de sa vérité. C'est elle qui me guide et m'amène là où elle a besoin d'aller. C'est sa vérité, pas la mienne. Je négocie également avec le silence.

Le silence est très bénéfique dans le travail corporel car la personne prend conscience qu'elle a un intérieur, alors qu'on ne lui propose ordinairement que d'être à l'extérieur. Elle est agressée par une équipe autour d'elle et le silence intérieur que je propose est très apprécié par les personnes en fin de vie. Elles ont à ce moment-là une disponibilité qui se passe et le corps répond à cette demande. Certaines personnes vont avoir des yeux grand ouverts parce qu'elles ont besoin de voir, et d'autres auront le réflexe de fermer les yeux. Il y a un monde intérieur auquel il est possible d'accéder par le massage, même pour une personne en souffrance. Souvent s'installe un silence qui rassure et permet d'aller à l'essentiel. Seule la disponibilité intérieure, l'écoute, la présence, la tendresse permettent à l'autre de faire cet immense cadeau de se laisser toucher, engageant sa vie. C'est un engagement autant pour elle que pour moi auquel il m'appartient de m'adapter. Le chemin si rare ouvre le chemin vers soi. Il est possible de se taire un moment avant de pouvoir entendre la vie dehors et dedans. Le silence semble ce que la personne apprécie le plus. La personne se sent rassurée d'avoir simplement une présence auprès d'elle. Je pratique l'accompagnement en fin de vie mais je sensibilise la famille. Je laisse la porte entrouverte et dis que s'ils veulent observer ou ressentir ce que je pratique, ils le peuvent. Souvent j'accompagne également la famille par le toucher ; je viens avec ma table de massage alors que le malade reste dans son lit. Je suis une reliance de cette disponibilité entre la famille et la personne en fin de vie, ce qui est merveilleux.

Lors de mes premières années d'accompagnement de fins de vie, j'ai accompagné un couple d'homosexuels sidéens. Ils étaient tous les deux en fin de vie, à deux mois d'intervalle ils sont partis l'un et l'autre. Thierry m'a dit un jour qu'il était aveugle, qu'il avait 30 ans et était bourré de Kaposi. Je m'autorisais à toucher son corps dans sa totalité avec des huiles qu'il choisissait, je ne prenais aucun risque et l'infirmière était ahurie de l'approche que je pouvais avoir auprès de cette personne. Thierry avait avec son compagnon une relation de tendresse extraordinaire et j'ai été le médiateur entre les deux. Thierry tenait la main de Jean-Pierre pendant le soin. C'est comme si je sentais ce dont Thierry avait besoin et que je pouvais transmettre à son compagnon ; c'est vrai que je pouvais me le permettre car j'étais en santé. Accompagner aussi dans ce sens-là ce que l'autre ressent, mais qu'il ne peut plus donner. Il n'y avait plus de relation de corps à corps et j'ai été le médiateur ; cela a été un travail extraordinaire en sachant que je les ai accompagnés pendant deux ans en y allant tous les jours. Thierry avait sa demande, Jean-Pierre avait la sienne, et l'approche du corps est délicate. Quand ils étaient en toute fin de vie j'étais présente. Souvent on me téléphone lorsqu'il y a panique à bord ; avant que le médecin vienne ou avant que le branle-bas de combat débute, ils veulent encore ces moments de grâce uniquement par l'accompagnement par le toucher. Jusqu'au dernier souffle. Ensuite, c'est autre chose. Il y a vraiment une disponibilité à être dans ces situations-là. Le nombre de paquets de Kleenex qui y sont passés, je ne vous dis pas car ce n'est pas toujours évident, ni facile !

Lorsque l'on est en conscience, on ne méprise pas, on ne donne pas de leçon, on ne fait pas de reproches. On enseigne en servant de modèle, en se dévoilant au grand jour. Il n'y a pas besoin de discours, il suffit d'être vrai et en accord avec soi-même, en harmonie en toute sincérité. Cela peut suffire à détendre une atmosphère, à découvrir d'autres fonctionnements et à établir des passerelles à tous les niveaux. Je respecte mes limites. Quand je suis à mon seuil de tolérance, je me retire. Il y a un va-et-vient en permanence et il y a à respecter ses limites en sachant jusqu'où on peut aller, être clair avec soi. Il faut être dans la vérité avec l'autre et préserver cet accueil.

Voici un texte que j'aime beaucoup et que je veux partager. Il s'appelle « Désirs » et a été trouvé dans une chapelle de Baltimore en 1692.

« Allez tranquillement parmi le vacarme et la hâte, et souvenez-vous de la paix qui peut exister dans le silence.

Sans aliénation vivez autant que possible en bon terme avec toute personne. Dites doucement et clairement votre vérité et écoutez les autres. Même le simple d'esprit et l'ignorant ont aussi leur histoire.

Evitez les individus bruyants et agressifs car ils sont une vexation pour l'esprit.

Ne vous comparez avec personne, vous risqueriez de devenir vain et vaniteux. Il y a toujours plus grand et plus petit que vous.

Jouissez de vos projets aussi bien que de vos accomplissements.

Soyez toujours intéressés à votre carrière, si modeste soit-elle.

Soyez prudents dans vos affaires car le monde est plein de fourberie mais ne soyez pas aveugles devant la vertu qui existe.

Plusieurs individus recherchent les grands idéaux et partout la vie est remplie d'héroïsme. Soyez simplement vous-même. Surtout n'affectez pas l'Amitié.

Ne soyez pas non plus cynique en amour en face de toute stérilité et de tout désenchantement, aussi éternel que l'herbe.

Prenez avec bonté le conseil des années en renonçant avec grâce à votre jeunesse.

Fortifiez votre puissance d'esprit pour vous protéger en cas de malheur soudain mais ne vous chagrinez pas avec vos chimères. De nombreuses peurs naissent de la fatigue et de la solitude. Au-delà d'une discipline saine soyez doux avec vous-même, vous êtes un enfant de l'univers pas moins que les arbres et les étoiles.

Vous avez le droit d'être ici et, qu'il vous soit clair ou non, l'univers se déroule sans doute comme il le devrait.

Soyez en paix avec Dieu quelle que soit votre conception de lui et quels que soient vos travaux et vos rêves, gardez dans le désarroi bruyant de la vie la paix dans votre âme.

Avec tous ces perfidies, ces besognes fastidieuses et tous ces rêves brisés, le monde est partout beau. Faites attention. Tachez d'être heureux. ».

Q : Comment faites-vous pour être certaine que ce que vous sentez est ce qui se passe vraiment à l'intérieur de l'autre, dans son esprit ?

Christine Salvador : J'écoute au niveau du cœur. Il n'y a pas à être dans le faire, mais dans une disponibilité intérieure car c'est à l'intérieur que cela se passe. J'apporte une technique par le massage, l'ostéopathie et l'acupuncture, mais c'est par mes mains et quinze ans de travail quotidien que mes mains sont guidées par ce dont le corps a besoin. Et elles savent où aller. Ce n'est pas du tout moi qui décide, ce sont mes mains qui savent là où elles ont besoin d'aller pour l'autre.

Q : Il ne me semble pas possible d'avoir cette approche avec tout le monde. J'ai un parcours qui ressemble au vôtre bien que différent : d'infirmière je me suis orientée vers la psychothérapie, donc je suis psychothérapeute en psycho-corporel et émotionnel ; je touche donc beaucoup. Pour avoir beaucoup travaillé avec des personnes qui ont de grandes souffrances psychologiques et de graves problèmes d'identité, donc d'acceptation de leur corps, il ne me semble pas possible avec ces personnes-là de les aborder comme vous le faites. J'ai la même approche au niveau de l'ouverture mais on est confronté souvent au fait qu'il n'est pas possible de toucher avec les mains quelqu'un qui n'est pas dans son corps et qui est en retrait complet. Peut-être êtes-vous appelée uniquement auprès de personnes qui acceptent cela ?

C.S. : Oui, c'est la différence. Je suis thérapeute depuis quinze ans et j'accompagne également des gens qui font un travail d'évolution personnelle en psychothérapie ou psychanalyse et qui ont une demande. Tout est possible à partir du moment où l'intention est juste, c'est plus de l'ordre psychologique et il y a, à ce moment-là, à apporter des outils en expliquant, il faut faire agir l'esprit en respectant des règles. Si la personne ne veut pas, elle ne veut pas, c'est clair, elle n'en est pas là. Proposer du corporel à quelqu'un qui n'est pas prêt, c'est de l'ordre du viol à ce moment-là, c'est le violer dans son histoire. Respecter la personne dans son palier... Si elle ne veut pas elle ne veut pas et jamais je ne serai dans cette violation. Il faut rester à sa place.

Mais c'est vrai que je suis sollicitée lorsque les personnes savent et qu'elles ont fait un chemin. Souvent aussi, les gens font appel à moi parce que la famille ou les gens autour ont fait un travail de solidarité et de compréhension. On fait appel à moi parfois en milieu hospitalier et mon intervention est comme une étoile dans un nuage, mais tout le travail que j'ai à faire autour est inimaginable, car quand je viens auprès de celui ou celle qui a besoin de moi, j'ai ce travail collectif à faire autour qui n'est pas simple. Souvent, je dis que je viens pour la personne et non pour vous.

Je suis privilégiée, c'est clair. Jamais je ne violerai quelqu'un. Il n'y a pas moyen d'accéder à quelqu'un qui ne veut pas et je ne m'autorise pas, je reste à ma place. Je comprends car j'ai eu des difficultés avec des personnes qui ne voulaient surtout pas se faire toucher et c'est respectable. On prend en considération l'histoire de la personne, de son état, de tous les paramètres qui sont autour, à savoir les médecins, le médicalisé. J'y vais sur la pointe des pieds car parfois on me jette. Je ne viole pas.

Quand on s'adresse à des personnes ouvertes, on peut idéaliser et penser que cette approche va être possible avec tout le monde. Non, pas du tout. Des personnes d'une famille peuvent avoir l'impression qu'elles vont pouvoir faire cadeau à quelqu'un qui est en train de mourir de cette approche-là. Mais pour la personne, cela ne lui conviendra pas car elle est dans une problématique que son entourage ne connaît pas et voilà, ce n'est pas possible. Donc oui, ce n'est pas possible avec tout le monde. Quand c'est possible, c'est merveilleux.

Q : Pouvez-vous mieux expliquer ce que vous faites avec les gens en bonne santé ?

C.S. : Quelqu'un peut venir me voir en me disant qu'il a mal ici ou là, des migraines, des insomnies. Ou quelqu'un peut venir me voir en me disant qu'il est en évolution et en chemin personnel et qu'il a besoin d'avoir une conscience corporelle. Il vient donc pour que je sois révélateur de ce qui se passe chez lui et je vais lui transmettre ce que son corps lui dit car il ne sait pas. On va utiliser un langage qui peut être parlé pour mettre en conscience ce qui se passe. Je fais également de l'accompagnement avec des bébés car j'accompagne des femmes enceintes ; avec des enfants de 8-10 ans qui ont trop mal au dos à cause de leur cartable, ou des adolescents, ou des personnes en conscience tout simplement qui ont besoin d'écoute du corps. Il y a souvent des choses à dire derrière les maux. Je permets aussi la personne à s'autoriser à se dire ce qu'elle ne peut pas se dire. Je suis assez percutante dans mon travail et je mets les choses à leur place, je centre, je mets à l'essentiel ce qui se passe chez la personne à travers le décodage ;

c'est un travail archéologique et c'est pourquoi j'ai consacré la première moitié de ma vie à toutes ces formations car il faut tout le temps décoder.

Q : Comment faire pour décoder chez quelqu'un qui s'oublie en permanence, qui n'a aucune conscience de son corps ? Le corps et l'esprit fonctionnent en même temps et ce qui se passe dans notre corps agit dans notre esprit de même que ce qui se passe dans notre esprit agit sur notre corps, et quand on est dans un déni d'une souffrance elle se transmet dans le corps. On oublie. Comment pouvez-vous arriver à décrypter, vous, quelque chose que moi j'ai oublié ?

C.S. : Je vais en amont avec la personne. A un moment donné, il y a eu un choc émotionnel ou physique, et il y a à remonter en amont dans l'histoire. Cela permet de mettre en conscience et de relier le corps et l'esprit. C'est cellulaire après, c'est un véhicule, c'est quelque chose qui est de l'ordre de la permanence.

Q : Il ne faut pas oublier qu'on a plusieurs manières de toucher. On a la parole, le geste, l'écoute, mais aussi la présence. On peut toucher par une simple présence quelqu'un qui est en fin de vie et s'apercevoir que le fait d'être simplement là dans le silence, la personne peut avoir une larme qui coule ou un sourire qui s'esquisse et si elle a le désir d'être touchée physiquement elle va manifester quelque chose, faire un geste si on sait regarder. Cela veut dire : présence, transparence (savoir pourquoi on est là et qu'on n'est pas le vélo dans la tête qui nous amène ailleurs), prudence (respecter l'Etre).

Q : Un mot m'interpelle : « fin de vie ». Pour moi, c'est surtout accompagner la vie plutôt que la fin de la vie. Depuis ce matin, ce mot « fin de vie » me gêne.

Q : J'accompagne des personnes en fin de vie. Depuis notre naissance jusqu'à notre dernier souffle, nous ne sommes que du ressentir. Quand on s'occupe de la fin de la vie des gens, plutôt que de les accompagner dans la fin de vie, je trouve qu'on les accompagne dans leur vie et dans l'explosion de leur ressentir, dans l'expression de ce qu'ils sont. J'aime votre parole et ce que vous dites par rapport à l'ici et maintenant. Moi aussi ce que je fais c'est dans l'ici et ce qu'ils ont été auparavant cela n'a pas d'importance, ce qu'ils seront après peut-être cela a une importance dans l'ouverture qu'on leur donne. Peu importe d'où ils viennent et ce qu'ils ont été car dans la souffrance physique et morale, on est tous égaux et on a tous besoin d'être aidés. Quand en fin de vie on prend conscience de cela et qu'on accompagne les gens, qu'on les aide à s'exprimer, je trouve que c'est une nouvelle vie qui s'ouvre. Ce que nous appelons un accompagnement de fin de vie dans la collectivité ou dans les associations, c'est en fait une naissance et une nouvelle expression, c'est un nouvel élan de vie. Je travaille aussi avec l'Etre en dehors de toute apparence et de tout aspect physique et de toute race et de toute éthique, philosophie.

Q : Je voudrais ajouter quelque chose à propos du toucher. Gérald a parlé des différentes manières de toucher les gens. Quand il s'agit du toucher sur le plan corporel direct, il y a là aussi différentes manières de toucher et on va pouvoir faire passer des notions très différentes. Il y a donc ce que peut faire passer l'accompagnant ou le thérapeute dans sa façon de toucher mais également ce que l'on va recevoir de la personne touchée qui, elle, aura en fonction de cela un vécu très différent. Aussi, pour rejoindre ce que vous disiez tout à l'heure, lorsque l'on touche un être, dès que l'on met la main sur un corps, on ne s'adresse pas à un corps biologique, mais à l'Etre tout entier, à son vécu, à son affectivité, à ses pensées, etc. On va donc jusqu'à l'inconscient du sujet, c'est pour cela que l'état intérieur dans lequel est le thérapeute ou l'accompagnant lorsqu'il touche va être ressenti par la personne touchée et cela a beaucoup d'importance.

Q : N'oublions pas que le toucher est souvent suspect dans notre société, toucher est tabou, mal vécu. C'est suspect parce qu'on peut faire passer tellement de choses dans le toucher, et combien de gens ont peur de l'agression ou de l'érotisation du toucher.

C.S. : Rares sont les personnes qui ont peur de se toucher dans le cadre de personnes souffrantes et en fin de vie. Tout dépend de l'attention à partir de la disponibilité intérieure. Je suis censée être dans la disponibilité intérieure, c'est là que cela se passe. On repart tous dans le mental, vous avez vu ? Là il n'y a pas d'interprétation, pas de sentiment, il y a à être, et c'est cela qu'il faut arriver à faire basculer parce que c'est un rythme. Moi je swingue, je danse avec la personne, mais ce n'est pas moi qui fait le rythme, c'est elle. Le toucher c'est pareil, c'est une histoire de rythme, de musique, de swing, car le temps est donné par l'autre et pas par soi. Il y a des touchers qui peuvent être dangereux, agressifs et c'est pour cela que c'est parfois difficile pour des personnes de se faire toucher parce qu'elles ont été agressées, malmenées, maltraitées, il y a eu des violences, elles sont obligées de se protéger et c'est respectable. Une intention juste, c'est un toucher juste, cela demande beaucoup d'humilité ; c'est un gros travail, cela demande une grande expérience.

Q : Vous avez dit que vous intervenez à domicile et très souvent sur la volonté des familles, ce sont elles qui se manifestent et vous contactent. En général, comment êtes-vous vécue par l'équipe sanitaire ? Vous avez dit qu'à l'hôpital c'est un peu difficile, alors qu'en famille on vous regarde faire et que le médecin dit « tant mieux, cela fait du bien ».

C.S. : Je suis un plus. J'interviens en plus d'un accompagnant lorsque la famille s'aperçoit qu'il manque quelque chose et là je suis à ma place. Je me présente, je vais voir toute l'équipe, le médecin, le « kiné », l'infirmière, je me définis, j'existe, qu'ils sachent que je ne les viole pas dans leur périmètre, ni ne prends la place de quiconque. Au niveau de l'hôpital, je fais pareil. J'interviens souvent à des moments critiques, mais 90 % du temps je suis acceptée sans protocole, je n'ai pas de difficultés.

Q : Vous êtes complètement en dehors de l'équipe et vous êtes libérale, donc les personnes ne sont pas prises en charge ?

C.S. : Non, rien n'est pris en charge. J'ai un cabinet et c'est ce qui me permet de vivre. L'accompagnement que je pratique à court ou long terme est bénévole, au service. Il arrive très souvent que des familles me laissent une enveloppe ou m'offrent un bouquet de roses, mais je n'attends absolument rien, je suis dans la gratuité, c'est ce qui fait peut-être ma disponibilité de cœur. C'est mon choix. J'ai un cabinet et j'ai de quoi manger.

Q : Je suis ici pour aider une de mes amies qui est en fin de souffrance et suis donc à l'écoute pour lui transmettre tout ce qu'on n'entend pas à l'hôpital. Est-ce que les malades sont au courant de toutes les pratiques qui peuvent les soulager parallèlement à une chimio ? Le peu de ce que mon amie m'a dit est que souvent on lui cloue le bec quand elle parle d'homéopathie ou de petites choses auxquelles elle croit, on lui sape ses espoirs. Comment faire passer un peu l'information sans bousculer le corps médical ? Moi-même je suis hors circuit, je suis mère au foyer et j'ai peur en intervenant d'agresser les compétences médicales . En tant que simple amie, je suis là pour l'écouter.

C.S. : Ce qui est très important, c'est de savoir que vous avez votre place. Toute personne extérieure a droit à accéder et peut intervenir auprès d'une personne qui a besoin de vos services.

Q : Oui, mais elle-même dit que lorsqu'elle parle elle se sent rejetée.

C.S. : C'est possible à petits pas. Il y a un travail de collaboration à avoir. Si elle se sent rejetée c'est qu'elle a sans doute du mal à exprimer son besoin et donc elle n'est pas entendue. Le personnel médical intervient par obligation alors que nous on intervient par besoin et par désir de l'autre. L'intervention, il faut essayer de la mettre au plus juste de ce dont la personne a besoin.

Q : Si je n'étais pas attentive à la lecture de magazines un peu spécialisés, lorsque j'interroge d'autres amis qui viennent la voir, quand je parle du toucher ou de petites médecines qui pourraient la soulager, on me regarde avec de gros yeux. Je me dis alors que beaucoup de gens ne sont pas au courant de ce qui existe, de ce que vous faites et de ce qui pourrait être bon pour eux ou la famille. J'imagine qu'on ne peut pas faire de publicité mais pourquoi pas ?

C.S. : C'est à la personne qui est dans le besoin de se manifester. Je ne veux pas parler de globalité mais revenir au Je. Peut-être si votre amie a des difficultés, c'est qu'elle formule mal sa demande. Moi je peux intervenir, mais il y a des « kinés » qui font un boulot extraordinaire dont j'ai été témoin. Il suffit de négocier et formuler sa demande : « Arrêtez de me faire faire des mobilisations, je préférerais sentir mon corps d'une autre manière ». Le « kiné » par obligation va faire des mobilisations alors que la personne aurait besoin de massage. Il y a une relation juste à avoir avec l'équipe.

Q : Ce que j'ai entendu dans votre question c'est : lorsque l'on est à l'hôpital, comment peut-on être informé des autres possibilités qu'on pourrait avoir ? Car si on est à l'hôpital on ne va pas nous le dire, alors est-ce qu'il y a un moyen si je suis malade à l'hôpital d'être informé des diverses possibilités et qu'existe-t-il ? Est-ce possible si l'on demande à l'aide sociale qui est à l'hôpital ?

C.S. : Les informations viennent de l'extérieur, elles ne viennent pas de l'intérieur de l'établissement. Par les amis, le bouche à oreille et peut-être aussi par l'aide sociale.

Q : Mon amie est très discrète et elle ne veut pas apporter de charges supplémentaires au personnel soignant qui ressemble à une ruche en effervescence. Elle a l'impression que le fait de lever le doigt ou poser une question fait qu'elle est embêtante ou qu'elle va empêcher le travail.

C.S. : Ce que j'entends, c'est combien votre amie doit travailler sur sa culpabilité. Vous pouvez l'aider dans ce sens-là. Lui dire ensuite que vous avez des propositions à lui faire, mais peut-être l'accompagner dans un autre niveau. Ajouter une autre personne ne servira peut-être à rien. Il y a un cheminement à avoir d'écoute et de paroles, il faut donner du sens à ce qui se passe. Elle a une difficulté et lui pointer sa difficulté permettra qu'ensuite il y ait un relâchement et un apaisement en elle. Pour l'instant, elle est confrontée à quelque chose qui est en elle et elle a besoin d'un soutien extérieur d'une personne qui va lui pointer cela. Après, si j'ai à intervenir auprès de votre amie, je serai au bon moment en temps voulu, on n'a pas à forcer mais à respecter et entendre ce qui se passe derrière sa demande.

Q : Un aspect de ce que j'entends, c'est qu'on ne peut pas demander à un médecin en institution d'adhérer à une recherche du patient. Par contre, le patient a toute latitude d'être en quête pour lui-même et là il y a une multitude de choses, on n'aura jamais toutes les informations sur toutes les approches qui se développent. Les médecins sont gardiens de quelque chose qui est admis et reconnu, d'une certaine connaissance et ils sont un peu coincés. Quelques-uns sont ouverts mais pas tous.

Q : Ce que pointe Madame est extrêmement juste ; il est très difficile d'identifier qui peut aider qui. Les gens réfléchissent à ce qui peut être fait.

C.S. : Un jour, j'ai eu à faire un accompagnement d'une personne dans un service hospitalier. J'ai essayé d'y aller au moment où les infirmières ne faisaient pas les soins et il se trouve qu'elles sont arrivées à trois, alors que j'étais en travail avec la personne. Elles se sont assises et ont regardé. Elles ont senti qu'il se passait quelque chose et ont demandé si je pouvais venir pour elles et leur montrer.... J'ai dit que je pouvais faire des démonstrations. Certaines font des formations à l'extérieur mais à la base, il n'y a rien. Donc ponctuellement, on me demande d'intervenir.

Cette fois-là, je me suis occupée de la personne avant qu'elle n'entre à l'hôpital, puis j'ai été étouffée car les enfants ne pensaient jamais que la grand-mère avait besoin de moi et c'est elle qui dans son agonie m'appelait. La famille a finalement compris que la grand-mère avait besoin de ce travail de toucher et tout le monde, médecin, « kiné », famille, a respecté sa demande. S'il y a besoin d'aller voir le médecin je vais le voir, je ne veux pas être dans mon monologue. Le travail est en équipe. Je fais partie d'une équipe alors que je travaille seule. Je sais combien c'est un esprit collectif qui est en jeu et dont il va s'agir.

Q : J'ai l'impression que, de plus en plus, le personnel hospitalier commence à s'ouvrir. J'ai eu récemment à vivre une expérience où j'accompagnais un patient à qui on devait couper la jambe. Or, comme ce patient avait de gros problèmes avec son corps, perdre une jambe était extrêmement angoissant. Dans les grands hôpitaux lyonnais, il est hors de question d'aller voir un malade le matin. J'ai demandé à la surveillante du service si je pouvais être présente ce matin-là avant qu'il ne parte au bloc opératoire et il y a tout de suite eu des cris et un refus. J'ai discuté et j'ai pu être présente auprès de ce malade et l'accompagner jusqu'au bloc. Après, la surveillante m'a remerciée en disant qu'on devrait faire cela plus souvent. Ils n'ont pas l'habitude, on leur a donné un tel pouvoir... On n'ose pas non plus mais peut-être si on osait plus, il y aurait plus d'initiatives de prises.

C.S. : Pour moi l'accompagnement c'est comme une grossesse. Je fais de l'accompagnement pour les femmes enceintes et cette femme avait demandé que je sois présente pendant l'accouchement. Pendant quatre mois, elle a dû négocier avec l'équipe en disant qu'elle avait besoin de moi. Finalement, elle a obtenu gain de cause après un long travail de fourmi. Il y a cette force qui est dynamisante, stimulante. Il y a vraiment à avoir un esprit collectif pour agir ensuite individuellement.

Je vais vous proposer maintenant de vous mettre deux par deux et d'écouter, entendre ce qui se passe simplement en étant deux.

Mise en commun des ateliers

Question : J'étais dans le groupe du toucher et j'aimerais une prochaine fois que l'expérience que l'on a faite très vite dans les cinq dernières minutes dure la majeure partie du temps. Je fais de l'accompagnement et j'ai l'expérience de l'accompagnement. J'ai revécu quelque chose de très important dans ces cinq minutes, celle de réaliser sur mon corps comment un toucher peut m'être très agréable et un autre pas du tout. Cela me rend encore moins « voulante » dans mes gestes pour les prochaines visites que je vais avoir. Une chose peut être très bonne et une autre moins. C'était bien cet exercice.

Question : C'était court pour nous l'expérience du toucher. Cela nous ramène à notre inconscient. Le toucher m'intéresse car lorsque j'approche des malades si je fais cela, c'est parce que j'aime les gens et j'aime leur faire du bien. Cela me fait peur de constater qu'en voulant faire du bien on peut faire du mal. Lorsque la personne qui était avec moi m'a touché au début c'était très doux et très bien, mais lorsqu'elle a changé de position cela m'a amené à penser : ce qu'elle faisait, je le recevais ; elle avait sa main sur mon cœur et elle agissait dans mon dos. J'ai réalisé que j'ai une tendance à vouloir donner et que je ne sais pas recevoir. Cela me fait un peu peur de devoir travailler cela. Le toucher est une chose délicate à ne pas mettre dans toutes les mains.

Christine Salvador : Je ne m'autoriserais jamais à prendre contact avec une personne si, moi-même, je n'ai pas eu une démarche de cette approche et si, moi-même, je ne reçois pas donc je ne peux pas donner. Le travail commence par soi. Je suis thérapeute ou je ne le suis pas. Posez-vous la question. C'est une responsabilité, un respect, un engagement car vous prenez en compte son histoire mais aussi la vôtre. Le toucher c'est délicat. Il faut se poser la question de : où j'en suis au niveau de l'évolution du corps, de l'esprit et du cœur.

Question : Depuis le début du colloque, je me pose une question sur la motivation du personnel soignant et des bénévoles. Cela me fait peur et je me demande si les gens sont bien conscients de pourquoi ils ont envie de faire cela et s'ils ont envie de travailler là-dessus ou pas.

Chantal Bertheloot : Il ne faut pas non plus se faire trop peur. A la fois les motivations sont capitales et il est important de se poser la question « qu'est-ce que je vais faire là ? », de faire le lien. Mais il serait bien prétentieux de croire avoir les réponses. Il est important de se questionner tout le temps pour être au plus juste et d'avoir le juste équilibre avec les élans qu'on peut avoir. C'est pareil avec le toucher, on ne touche pas quelqu'un n'importe comment, mais il est évidemment dommage de retenir un geste qu'on a envie de faire, et c'est là le paradoxe et la difficulté. On ne va pas décider de masser quelqu'un et lui imposer cela. Mais parfois, on se sent de prendre une main spontanément et il ne faut pas perdre cet instinct.

La motivation c'est un lien qu'il faut toujours faire avec soi sans pour autant vouloir tout comprendre et tout résoudre car on ne peut pas.

Sophie Pinel : On ne s'était pas concertées avec Christine avant le début de l'atelier et je m'aperçois qu'on a travaillé un peu sur la même chose, c'est à dire donner/recevoir. Le thème de l'atelier d'écoute était : comment s'écouter soi-même. On ne peut pas écouter quelqu'un si l'on n'a pas commencé par se donner une écoute attentive et non déterminée dans le temps. Qu'est-ce qui, en moi, a besoin d'être écouté ? C'est aussi se poser la question : quelle est ma motivation ? C'est une écoute intérieure qui fait que l'on est un peu plus au clair, petit à petit. Il ne faut pas avoir d'urgence sur la clarification de ses motivations : cela gagne du terrain un peu de temps en temps, mais il ne faut pas se mettre la pression, ni de délais. L'expérience prouve que ce n'est pas comme cela que cela se passe.

Question : On se connaît et on a fait différemment. Elle m'a demandé de mettre ma main aux endroits où elle voulait être touchée. Quand cela a été mon tour, j'ai d'abord dit : « Où tu veux ». Puis j'ai décidé que j'avais envie qu'elle mette sa main sur ma tête et elle m'a pris la tête dans ses mains. On n'a ressenti que du bien et je me suis rendu compte qu'en fin de compte, il faut toujours dire ce qu'on a envie d'avoir.

Question : Une information : A Gardanne il n'y a pas de chèvre de Mr Seguin, mais il y a une chatte qui s'appelle Lolita et qui travaille énormément.

Question : Ce qui laisserait dire que c'est le malade qui va toucher, pas le chat qui touche. On laisse la liberté au malade de toucher, de demander s'il en a besoin. Il arrive de voir des malades qui disent embrasse-moi, touche-moi. Ils expriment clairement alors que si on va vers le malade sans son consentement on le viole.

Chantal Bertheloot : Cela dépend comment on touche. Il y a des gens qui ne vont pas demander à être touchés. Les chats sont des animaux indépendants. Je ne sais pas la part de liberté qu'a le malade si ce n'est de jeter la chatte du lit. Quand elle monte dans un lit et qu'elle s'y installe, c'est elle qui touche. Après, on peut la réorienter.

Quand on a un peu travaillé sur le toucher, on ne met pas la main n'importe où et on sent bien si on est un peu à l'écoute. Même si la personne ne peut pas dire non. Le danger d'un lieu comme chez nous, c'est que les gens sont tellement contents d'y être qu'ils peuvent accepter des choses pour nous faire plaisir, mais on sent bien. La peau est quelque chose de très parlant. On sent bien en mettant la main sur le bras de quelqu'un s'il nous accueille ou s'il n'en a pas envie et qu'il n'ose pas le dire. Il y a une qualité de prolongement de soi-même et de grain de peau. On ne peut pas toujours attendre que les gens disent qu'ils en meurent d'envie. Si on nous dit non, après c'est terrible.

Question : Quand c'est le premier contact, n'est-ce pas gênant parfois de le caresser comme on caresse un bébé. Le toucher fort ou la caresse ?

Christine Salvador : C'est l'intention qui compte, pas la quantité de ce que vous pouvez proposer, la qualité. Soyez disponible intérieurement et votre intention sera alors juste. C'est pas un chat, un corps ; c'est délicat, fragile. Ce n'est pas de votre intention qu'il a nécessairement besoin. Il y a une sensibilité à avoir qui est à travailler. A partir du moment où l'intention est juste, il n'y a pas de danger.

Question : C'est le médecin qui parle : Quand on parle du toucher, surtout chez les grands malades, il arrive assez régulièrement qu'il y ait des hyper esthésies, c'est-à-dire une sensibilité exacerbée au toucher. Dans ce cas, même un toucher plein de bonnes intentions sera insupportable. Il s'agira d'effleurements et il ne faut pas se sentir rejeté. Pour des patients qui ont eu un zona, il arrive qu'ils aient ce type de douleurs et qu'on ne puisse pas du tout effleurer la zone qui a eu un zona.

Question : On parle de toucher et de certaines difficultés dans la relation et l'interprétation. Je pense que si l'on avait eu l'occasion de gérer son schéma corporel dans notre éducation de base, le problème serait rudement simplifié car la personne aurait acquis cette perception, cette sensation, elle la gérerait et aurait moins de difficulté à la prendre quand c'est presque trop tard.

Christine Salvador : Il n'est jamais trop tard.

Question : J'enseigne la danse, la salsa, danse particulièrement chaleureuse qu'on appelle « caliente » en espagnol, et où il y a une grande proximité qui fait d'abord partie d'un jeu entre danseurs. Mais il est vrai que parmi mes élèves qui ont un certain âge, je me retrouve confrontée à devoir expliquer toutes les différences et les nuances qu'il y a de poser les mains à tel ou tel endroit, donc confrontée à toute l'éducation qu'on a par rapport à son corps et par rapport aux attitudes qu'on a vis-à-vis de l'autre et du toucher. C'est très intéressant et on se rend compte à quel point on est limité avec des peurs et plein de choses qui sont là de par l'éducation. En salsa ça peut paraître osé, mais cela dépend ce qu'on y met. On peut danser et avoir les mains sur les fesses de la personne avec qui on danse, mais si à l'intérieur c'est propre, les gens qui regardent ne sont pas choqués. C'est ce qu'on y met qui rend un geste indécent ou plein de beauté.

Table ronde

Patrice Van Eersel : Voici maintenant un temps pour dire aux intervenants ce que vous souhaiteriez voir avancer concrètement, et, pourquoi pas, leur poser des questions. Nous avions prévu un grand débat philosophique, mais trop de personnes ont dû partir et il est maintenant plus simple de demander à chacun de vous ce qu'il voit comme priorité là où il se trouve. Dans les ateliers, nous avons abordé des sujets très divers depuis le toucher relationnel jusqu'au prix de journée de la Sécurité sociale. Si l'on faisait un rêve, quel objectif serait-il bon d'atteindre d'ici un an ?

Michèle Salamagne : Je souhaite qu'il y ait vraiment une connexion entre le monde de la médecine curative et le monde de la médecine palliative. Dans les questions de cours pour les étudiants en médecine le malade guérit toujours, la puissance médicale est le point final. J'aimerais que le discours soit autre et qu'on apprenne que non seulement on peut guérir le corps mais qu'il y a aussi une façon de prendre en charge les gens même si la guérison physique ne peut pas exister dans un certain pourcentage de cas.

Quand on est dans les chiffres, il y a toujours la prévalence des nausées, de la douleur, des vomissements, etc., mais il est très exceptionnel de trouver une question de cours où l'on dit que le patient a un pourcentage de survie de.... Cette médecine est de plus en plus vendue à l'étudiant comme une puissance extraordinaire. Pendant sept ans, les étudiants vont être lovés dans cette puissance et être complètement persuadés qu'ils ont le pouvoir de tout faire, qu'ils sont des magiciens. Mon souhait est qu'il y ait un peu plus de vérité dans leur enseignement et qu'ils puissent être un peu mieux préparés à ce qui les attend, c'est à dire un accompagnement qui est non seulement de l'ordre du physique mais aussi du spirituel. J'espère beaucoup que les étudiants nouvelle génération découvrent que le soin c'est le spirituel. Tant qu'ils n'auront pas pu découvrir cela, il y aura un trou béant dans les études.

Si au moins nous, les soignants, en charge de responsabilités, nous pouvons à travers notre façon d'être, faire percevoir aux jeunes que nous sommes dans l'accompagnement de tout l'être et donc dans une démarche spirituelle, nous aurons alors réussi notre enseignement. Ce n'est pas par ce que l'on dit, mais par ce que l'on va être dans la vérité de cette affirmation qu'ils pourront eux aussi marcher dans nos pas et trouver ensuite leurs propres pas et leurs propres empreintes. Tant qu'on n'aura pas osé dire dans notre république laïque que ce que nous faisons est de l'ordre du spirituel, on n'aura pas franchi une marche de positivité qui est une marche de guérison.

Patrice Van Eersel : J'aimerais que mon fils, qui est en train de devenir médecin, aille dans le sens de ce que tu dis. Il est interne en psychiatrie et je le vois confronté à un double langage qui marque un décalage dans les générations : ses professeurs de psychiatrie ont une double formation, puisqu'ils sont presque tous passés par la psychanalyse - cela a été un « must » il y a quelques décennies -, et qu'ils sont en même temps des pharmaciens puisque la chimio-neurologie est quelque chose qu'ils connaissent très très bien. Leurs élèves, donc la génération de mon fils, sont invités à laisser tomber tout ce qui est psychanalyse puisque c'est « obsolète et bidon » à l'hôpital, pour ne plus laisser parler que les produits. Il s'est fait repérer comme le dingue absolu qui accorde un prix à la parole du malade, alors que je le trouve bel et bien formé dans le moule de la sacro-sainte molécule. C'est un souhait hyper-égoïste, mais tel est-il.

Sophie Pinel : J'ai été très touchée que les intervenants invités acceptent de venir répondre à cette invitation et je les remercie. Je suis très sensible à la qualité d'exigence que je trouve dans les attentes du public ou dans les formations que nous mettons en place. Il y a là quelque chose d'extrêmement attentif et exigeant, et mon souhait pour l'an 2000 serait que cette attente et cette ferveur puisse diffuser du domaine professionnel des soins palliatifs au domaine public, social, et que s'y développent une plus grande qualité humaine et une plus grande qualité d'écoute.

Chantal Bertheloot : Je vais vous lire un texte qui est dans notre catalogue de photos. Je l'avais choisi pour le départ de la jeune fille dont il y a un texte à la fin et je vous dirai après pourquoi je vous lis ce texte. Cela fait partie de mes souhaits. Ce texte fait partie du Tantra.

« Nous sommes carapaçonnés comme des éléphants de combat, sans cesse aiguillonnés par leur cornac. Nous avançons de tout notre poids à travers la vie et nous ne cessons de livrer combat. Un jour, au détour d'une bataille qui nous laisse couverts de flèches empoisonnées, une jeune fille nous apporte à boire. Elle nous parle et nous caresse. Elle enlève nos protections, elle respire avec nous, elle panse nos plaies, elle nous baigne dans la rivière et soudain nous retrouvons notre grâce, notre légèreté, notre beauté. Plus personne ne reconnaît en nous un éléphant de combat. Ce que nous ne savons pas, c'est que la plus infime expérience peut être cette jeune fille miraculeusement rencontrée. Il suffit de si peu, le parfum d'une fleur, un regard ouvert, une brise qui touche notre corps, et soudain la plus solide des cuirasses se fend et tout le réel pénètre en nous par cette brèche, nous délivrant à tout jamais de la pesanteur et de la séparation. »

J'avais ajouté *« c'est dans cet esprit que l'équipe de la maison reçoit les malades et leurs proches et essaie de travailler quelque soit notre fonction »*.

Cela illustrerait mon souhait : que l'on continue dans ce sens-là, qu'on soit touché par d'infimes choses et qu'on ose le dire. Notre rôle, pour aller plus loin maintenant, c'est d'oser dire qu'il y a quelque chose de l'espace spirituel là-dedans, d'oser faire face aux barbons universitaires, oser reconnaître cette dimension de l'homme, et s'il y en a qui peuvent le dire, c'est peut-être nous professionnels, là où on est.

Christine Salvador : Ce que j'ai envie de souhaiter, c'est de continuer. Continuons car l'union fait la force même si chacun individuellement fait un travail. A partir du moment où l'essence est en soi, on est porté par l'évolution de l'être. Continuons.

Question : L'exigence commence par le patient. Si nous avons quelque chose à dire, disons-le, et obligeons ainsi certains professionnels qui n'en ont pas l'habitude à prendre le temps. Ils sont peut être pressés, mais à travers la question du malade c'est peut-être tout le processus derrière qui va se jouer dans la relation. Culturellement parlant, cela commence à changer chez les jeunes mais les personnes âgées n'ont pas du tout cette attitude. Il y a une culture de quelqu'un de soumis qui ne va pas oser forcer une porte. Il faut le dire autour de nous : si on a une question à poser, il faut la poser. Si nous avons quelque chose à nous dire, si nous n'avons pas été contents d'un soin ou d'une réponse, il faut le dire. Il ne faut pas qu'on retrouve les gens sortir parfois en pleurant, atterrir chez un autre professionnel plus souvent paramédical en disant : « Je n'ai pas pu dire ».

Question : Dans une intention de synthèse et de continuité constructive, je souhaite que nous puissions mettre en place - si cela n'a déjà été fait - une structure de communication, d'échange d'expériences qui soit une permanence et qui fasse, qu'en s'appuyant les uns sur les autres, nous puissions faire avancer les choses au mieux pour ensuite les restituer avec d'autant plus de solidité. Par structure j'entends « moyen » pour que si l'un de nous a envie de partager une expérience ou de demander un échange avec quelqu'un d'un domaine complémentaire - le mécanicien du corps avec le mécanicien de l'esprit - on puisse mettre en commun des démarches qui sont parfois parallèles et qui seraient d'autant plus riches si elles étaient partagées.

En ce qui me concerne, il y a plein de choses que j'ai pu partager, mais je souffre souvent de ne pas pouvoir le faire car je tombe sur des gens qui me regardent avec des yeux tellement exorbités ! J'aimerais bien pouvoir parler avec des gens qui sont capables d'entendre.

Patrice Van Eersel : J'avais fait une enquête pour le journal *Psychologie* aux USA. Il y a en effet dans les plus grands hôpitaux universitaires américains (Standford et d'autres) certains programmes qu'ils appellent « mind and body » où ce type de démarche commence à être financé et approuvé car on s'aperçoit que ça marche. Le philosophe disait ce matin qu'il y avait un vent pragmatique venant des anglo-saxons et c'est vrai qu'ils ont la qualité de mettre en application quand cela marche.

Chantal Bertheloot : Je pense qu'on a tous envie de communiquer, mais quels moyens se donne-t-on ? Peut-être que si les gens nous regardent de façon exorbitée c'est qu'on a dit les choses d'une manière telle qu'ils ne pouvaient pas les entendre. Lorsque l'on n'est pas entendu, il faut toujours se poser la question s'il n'y a pas une autre façon de le dire. Sinon, on peut vite scinder les bons communicants d'un côté et les mauvais qui ne veulent pas entendre.

Question : Je me sens interpellée en tant qu'Assurance Maladie. Des caisses ont en projet de mettre en place quelque chose pour essayer d'aider à l'information et à la communication, tant au niveau des patients que des professionnels. Cela serait d'informer patients et professionnels sur les possibilités de choix qu'ils ont dans le département. Favoriser un meilleur choix des patients et des professionnels à l'intérieur du système de santé.

Patrice Van Eersel : Il est paradoxal que la peur de mourir soit la peur de vivre. Les jeunes médecins sont amenés à confondre le fait de lutter contre la maladie et le fait de lutter contre la mort. C'est un cercle vicieux et même pervers dans le sens où les médecins sont tout-puissants parce que la technologie est puissante mais en réalité, ils sont perdants tout le temps en finale. Si on décide que c'est la mort qui est en face on peut gagner en 16ème de finale, 8ème de finale, quart de finale, demi-finale, mais en finale, on perd toujours. Il ne faut donc pas s'engager dans ce match et il faut apprivoiser la mort et ne pas chercher à la combattre. Combattre la maladie, oui. C'est une façon d'exprimer le vœu qu'on est nombreux à nourrir, que ces notions soient enseignées en fac de médecine et que la distinction entre les niveaux soit claire pour les soignants.

Question : Est-ce que le problème n'est pas dans le fait de continuer à considérer la mort comme un échec ?

Michèle Salamagne : Tant qu'il n'y aura pas une diversité de la parole et une diversité des chemins, le plus sera toujours le plus dans la performance et dans le porte-monnaie. C'est comme cela qu'on élève nos enfants actuellement et c'est comme cela qu'on est lové dans le culte du soi-disant beau et du soi-disant recevable. Avec Patrice, on a beaucoup parlé de ces images qui nous ventent tous les jours des parfums toujours plus performants qui feront que nous serons mieux aimés....

Question : Je pense que lorsque les médecins comprendront le mot spirituel, ils comprendront le mot « guerre-rire » et ils arrêteront peut-être avec leur « serre-rieux ». Et pour en revenir au toucher, je crois qu'il faut se laisser toucher par la grâce. Mon vœu serait que la plupart des médecins se décide à nous gracier de leur fumeux pouvoir.

Question : J'ai lu un jour un livre qui s'appelle *« Le corps médecin »*, écrit par un médecin américain qui pratique les multi-thérapies. Il est médecin généraliste et ouvert à tout ce qui est thérapie complémentaire (acupuncture, médecine chinoise, ayurvédique, corporelle, régime macrobiotique, etc.). Je rêve qu'un jour quelqu'un fasse dans une unité de soins palliatifs ou à l'hôpital un lieu où le patient ait à sa disposition toutes les thérapies. Je fais partie des groupes de Maguy Lebrun et elle pourrait y être incluse. Cela sert à beaucoup de gens. Un centre de multi-thérapies comme cela serait fabuleux.

Patrice Van Eersel : Je reviens d'Afrique où j'ai fait un reportage avec un médecin qui a ouvert dans une école universitaire une consultation gynéco-homéopathique à Bichat. Cela existe, je l'ai rencontré ! On ne sera peut-être pas le premier pays. Les anglo-saxons, nordiques, hispaniques et germaniques sont plus ouverts que nous et lorsque nous nous ouvririons, c'est que la preuve aura été faite.

Chantal Bertheloot : On a le choix et on peut le dire. Il n'est peut-être pas nécessaire de créer des structures guetto « multi-thérapies ». Il y a plein de gens qui utilisent les médecines parallèles. A l'hôpital c'est une autre histoire. Je connais des gens atteints de cancer qui se soignent de manière parallèle et qui sont suivis par un cancérologue à qui ils le disent. Il ne s'agit pas d'un cancérologue très ouvert. Il est donc possible d'affirmer ses choix.

Question : Est-ce que toute l'équipe médicale peut discuter ensemble ?

Chantal Bertheloot : Quand le malade sort de l'hôpital, le médecin de ville a du mal à avoir un suivi, un dossier. On essaie toujours de faire des liens mais dans l'autre sens, ils sont plus difficiles à faire. Déjà en médecine traditionnelle. En médecine parallèle je ne suis pas sûre que les acupuncteurs soient d'accord avec les homéopathes... Etre humain c'est valable de tous les côtés. On peut espérer une solution...

Question : Pour l'an 2000, je vais tenter de reprendre mon pouvoir de citoyenne, ma place de patiente, d'amie et d'accompagnante pour partager ce pouvoir. Chaque fois que j'oserai dire à quelqu'un « je ne suis pas d'accord discutons ensemble » que ce soit un médecin ou un autre, je ferai avancer ce travail d'écoute et d'accompagnement des êtres entre eux. Me positionner, oser dire, aller voir le médecin s'il le faut, discuter.

Patrice Van Eersel : Hervé Mignot ou Marie de Hennezel disent : *« Aujourd'hui, en matière de soins palliatifs nous vivons en démocratie. C'est au peuple qu'est la parole et donc c'est à chacun de nous de faire valoir son point de vue »*.

Question : Je voudrais exprimer remerciements et gratitude à toutes les personnes qui nous ont parlé. C'est à nous de faire passer le message à présent. Il ne faut pas toujours compter sur les autres, mais compter sur soi-même et être soi-même. Il y a beaucoup de choses éphémères dans la vie et on peut arriver à faire changer certaines choses. Je remercie également Sophie et Gérald et toute l'équipe qui nous a servis en bas.

Question : Juste une parole de bénévole, un souhait : l'avenir pour moi tel qu'il devrait être, passe par le travail que l'on fait chacun. Je renvoie l'individu à lui-même. Essayer chaque jour de me poser cette même question : « Qu'est-ce que je vais faire aujourd'hui pour les autres ? Qu'est-ce que je vais recevoir des autres ? ». Cette attention que je dois porter à l'autre. Il faut continuer en essayant vraiment de s'améliorer chaque jour. Et si moi je change, je change mon regard et le monde. On ne peut pas faire de grandes choses, mais le bénévolat est pour moi une chance formidable ; nous ne sommes pas médecin, infirmière, « psy », nous sommes monsieur madame tout le monde, et là on donne un sens à la vie. Envie de continuer dans ce sens-là et envie que chacun individuellement se pose des questions et essaie de rendre chaque jour un peu meilleur et le monde pourra demain changer.

Patrice Van Eersel : J'imagine que nous n'avons fait que poser des questions, apporter certaines réponses. Les choses avancent très très vite. Quand je repense à ce mois de février 1984 où, rentrant des USA d'un stage chez Kübler-Ross, je constatais qu'en France il n'y avait rien, je croyais. Je suis tombé sur un article signé Michèle Salamagne et René Schaerer dans Le Monde qui s'appelait *« Accompagner jusqu'au bout de la vie... »*. J'ai alors pensé que les Français étaient décidés à cesser de mourir idiots. Si je mesure le terrain parcouru depuis, il est considérable. Chacun de nous sait que c'est peut-être une goutte d'eau encore, mais c'est plus qu'une goutte d'eau, c'est une fissure dans le tabou. On a coutume de dire que la mort est le grand tabou, beaucoup plus que cela l'était. Au temps de Freud, c'était plutôt la sexualité. Aujourd'hui la sexualité, on est censé en parler en maternelle. La mort est devenue le grand tabou. Ce n'est même plus déjà vrai puisque tout ce dont nous avons parlé et toutes les activités que nous embrassons, pour certains d'entre nous quotidiennement depuis bien des années, ont brisé ce tabou. Un tabou une fois qu'il est brisé, même si pour 80 % de la population c'est encore un tabou, le fait que pour 20 % cela ne le soit plus, cela change la donne. Ce n'est radicalement plus la même situation et je ne pense pas que cela puisse régresser. Il y a des hauts et des bas et fondamentalement, je crois que quelque chose est enclenché. En cette aube d'un nouveau siècle, d'un nouveau millénaire, je suis raisonnablement optimiste ou constructivement pessimiste.

Gérald Pages : Je remercie tous les participants écoutants et intervenants. J'ai retenu la formidable complicité qu'il y avait entre les bénévoles de l'association Regain, la formidable qualité d'écoute par rapport aux sujets traités, et j'espère qu'on se retrouvera l'année prochaine.

J'aimerais terminer sur une parole philosophique d'Heraclite qui disait : « *Tout est impermanent, sauf le changement* ».

Remerciements

Je souhaite remercier ma mère, Jeanne, qui m'a appris l'amour inconditionnel, mon père, Jean et sa grande générosité, qui m'a enseigné la tolérance, la discipline et la vigilance.

Ma grand-mère paternelle Angèle, qui m'a chuchoté dans l'oreille depuis mon enfance, qui a illuminé l'amour de Dieu infini dont la foi a touché mon cœur.

Mes sœurs Line et Pascale qui m'ont fait confiance.

Mes frères Vincent et Alain présents dans mon enfance.

Mon demi-frère Serge pour sa confiance.

J'aimerais humblement remercier Béatrice, Marion, Sophie, Adrienne, Éliane, Nadine qui m'ont soutenue et accompagnée et ont inlassablement travaillé à la mise en place de ce livre.

Je peux profiter de l'occasion qui m'est ici offerte pour remercier non seulement mes ami(e)s des temps heureux , mais surtout ceux qui sont restés à mes côtés durant toutes les périodes faciles et difficiles.

Je suis reconnaissante envers toutes les personnes qui m'ont soutenue dans l'épreuve.

Les patients et ami(e)s qui ont traversé les épreuves et m'ont accordé toute leur confiance.

Ils m'ont montré le chemin de la force intérieure qui grandit encore chaque jour, du courage et de la détermination.

Du fond de mon cœur Merci.
A la Vie.

Soyez plein de gratitude

Soyez plein de gratitude et de respect pour votre corps.

Le Divin l'a choisi pour être sa résidence.

Et le corps est un miracle,
il est prodigieusement beau et prodigieusement complexe.

Le corps est l'univers en miniature.

Le corps est votre terre, vous êtes enraciné dans le corps.

Votre conscience est comme un arbre dans le corps.

Vos pensées sont comme les fruits.

Vos méditations sont comme des fleurs.

Mais vous êtes enraciné dans le corps, le corps les supporte.

Le corps supporte tout ce que vous faites.

C'est votre ami.

Écoutez son langage, décodez-le et plus vous entrerez
dans ce qu'est le corps,
plus vous deviendrez éveillé au mystère total de la Vie.

Christine Salvador

Souvenir

Le souvenir est chose douce, il apporte une fraîcheur à l'âme aride, il enveloppe le cœur d'une caresse qui berce et apaise, il couronne le front de sérénité.

Le souvenir est chose pieuse, il est un autel élevé dans le sanctuaire intime où la fidélité apporte sa quotidienne offrande. Il fait que quelque chose des pauvres absents s'associe à nos œuvres, survit et continue d'agir, il fait que nous sommes un peu ce qu'ils furent.

Le souvenir est chose bénie, il évoque, idéalise, les chers visages qui nous suivent dans notre carrière d'ici-bas, qui nous sourient et nous rassurent par leur présence. Leur pensée veille en nous et nous est une sauvegarde. Elle pose une lumière sur notre chemin et une bienveillance dans nos cœurs. Leur exemple nous est une exhortation, il éclaircit et élève pour nous la notion du devoir.

Le souvenir est chose pure. Il nous pénètre d'une grâce spirituelle, il met une pudeur dans nos pensées, un respect dans nos paroles, une gravité dans nos actes, il répand une majesté et un recueillement.

Le souvenir est chose généreuse, il nous fait détacher de nos préoccupations personnelles, il nous emporte par-delà les griefs, les impatiences et les étroitesses, il nous fait entrer dans la dignité de l'esprit.

Le souvenir est chose puissante, il est l'invisible nœud qui lie les uns aux autres, les générations qui se succèdent, il nous marque du sceau sacré des responsabilités solidaires, et ainsi nous fait veiller à ce que le flambeau allumé se transmette et ne s'éteigne point.

Le souvenir est chose sainte, il nous élève au-dessus du temps et de l'espace, il nous rend égaux devant l'éternité.

Auteur inconnu

Un amour m'attend

Ce qui se passera de l'autre côté
Quand tout pour moi aura basculé,
Dans l'éternité
Je ne le sais pas
Je crois, seulement qu'un Amour m'attend.

Je sais pourtant qu'alors
Il me faudra faire, pauvre et sans poids
Le bilan de moi.
Mais ne pensez pas que je désespère,
Je crois, je crois tellement qu'un Amour m'attend.

Ne me parlez pas des gloires et des louanges
Du bienheureux,
Et ne me dites rien non plus des anges.
Tout ce que je peux,
C'est croire, croire obstinément qu'un Amour m'attend.

Maintenant mon heure est si proche et que dire
Oh ! Mais sourire...
Ce que j'ai cru, je le croirai plus fort
Au pas de la mort
C'est vers un Amour que je marche en m'en allant
C'est dans un Amour que je descends doucement.

Si je meurs, ne pleurez pas.
C'est un Amour qui me prend.
Il va s'ouvrir tout entier à sa joie
Et à sa lumière
Si j'ai peur, et pourquoi pas ?
Rappelez-moi simplement
Qu'un Amour m'attend.

Rose-Marie

Sensibilité, écoute, lâcher-prise

"L'écoute est d'abord une qualité d'attention"

De l'écoute active qui nécessite concentration et paix intérieure, à une présence sans parole, l'art d'écouter, se décline de plusieurs façons.

Tout d'abord la qualité d'accueil de l'autre apporte la présence délicate, précieuse et généreuse. Ce n'est que l'ouverture du cœur et de l'amour que l'on porte pour l'autre. La générosité de ce qui est dans l'instant, ici et maintenant, qui permet de vivre cet instant présent.

Le respect et la douceur de l'être et pour l'être.

La qualité de la relation à l'autre par le toucher et la parole, permettant, grâce à ce toucher juste, une écoute et une communication profonde de soi et de l'autre : cette approche favorise une meilleure connaissance de soi, un oser-être, une évolution personnelle et relationnelle, et permet un réel savoir-devenir vers l'autonomie et la responsabilisation.

La qualité que présente un corps pour les mains qui le touche.

La vacuité est énergie et contemplation de ce qui est.

Mes mains pour transmettre la Vie.

J'honore mes besoins et ma vocation en prenant la responsabilité de moi-même.

Traverser pour être et laisser les gestes se dire dans le plus précieux du précieux de l'accompagnement à travers mes mains.

Les gestes de l'instant ne sont ni derrière, mais bien dans le présent et certainement pas dans le futur.

Le choix de laisser le libre arbitre se transformer et laisser aller mes mains là où il est important d'entendre.

L'unité de la conscience corporelle vient de la multiplicité des sensations. La responsabilité d'expérimenter une autre approche corporelle développe une vision unifiante de l'être humain qui est appréhendé dans sa globalité et dans son inter-relation au monde, à ce qui l'entoure.

Christine Salvador

« Tu sais qu'un homme meurt s'il perd le toucher. C'est le seul sens irremplaçable, le toucher. Les mains ne mentent jamais.

Observe-les sans cesse et tu sauras ce que les êtres pensent réellement ».

Rodin à Camille Claudel

Nous souffrons d'un déséquilibre dû à un développement purement matériel de la technique. Le déséquilibre ne peut être réparé que par un développement spirituel dans le même domaine, c'est-à-dire dans le domaine du travail. Une civilisation constituée par une spiritualité du travail serait le plus haut degré d'enracinement de l'homme dans l'univers.

Simone Weil

Poser la question du sens sacré, c'est peut-être aussi la question de la place du sacré.

Le sacré est le lieu inviolable par excellence.

Il est, en soi, le lieu que ne peut atteindre l'être profane. Ni la pensée, ni l'émotion, ni la sensation ne peuvent avoir accès en ce lieu. Et, en même temps, dans le sacré, ni la pensée, ni l'émotion, ni la sensation ne peuvent venir à l'existence.

Le sacré est ce qu'il y a en nous de plus naturel et à la fois de plus inaccessible. Il est la source de la crainte et la source de la fascination. Il est ce par quoi nous sommes, ce par quoi nous le cherchons et il n'est jamais ce que l'on peut atteindre.

Le sens du sacré, c'est d'être imprégné au quotidien du sentiment qu'il faut aller vers, mais que jamais on n'atteindra. Accomplir l'action sans songer aux fruits de l'action, c'est-à-dire ne jamais songer à devenir propriétaire d'un résultat à partir d'une action accomplie. La notion de propriété et d'appartenance est d'ailleurs la notion profane par excellence.

Le sacré est dans l'insaisissable.

Simplement tendre vers...

Yvan Amar

L'AMOUR UN MERVEILLEUX GUÉRISSEUR

Siècles après siècles, nos ancêtres ont loué l'amour
Ce merveilleux guérisseur.
L'amour active la force de vie.
S'il n'y a plus d'amour,
La force de vie s'arrête
Et le corps marquera cet arrêt.
Point n'est besoin d'essayer d'aimer
Ou de susciter l'amour
Car l'amour, c'est notre nature essentielle et vraie.

Voyez comme elle est lourde et belle cette responsabilité qui nous incombe : offrir à celui qui va mourir notre présence attentive et aimante, afin qu'il puisse entrer vivant dans la mort.

Ainsi, n'ayons pas peur d'être le proche de celui qui va mourir. Ne passons pas à côté de cette expérience le jour où elle se présentera à nous. Car nous en sortirons grandis, plus généreux, plus humains.

Marie de Hennezel

La vie suppose la mort,
Elle la porte en elle dès le commencement,
Non seulement comme son terme,
Mais comme sa condition.
Vouloir la vie sans la mort, en vérité,
C'est ne plus vouloir la vie,
Ou se tromper sur elle (...)
Nul n'accepte pleinement la vie
Qui n'accepte aussi la mort.
André Comte-Sponville

« Nous ne sommes pas seulement corps ou seulement
esprit ;
nous sommes corps et esprit tout
ensemble. »
Georges Sand

Respecter la vie, accepter la mort.
Christine Salvador

C'est d'un de mes patients mourants que j'ai appris cette leçon :

« Dans leur souffrance et leur mort, ils comprennent que nous n'avons que maintenant.

Alors vivez à fond et trouvez ce qui vous allume car personne ne le fera pour vous ! »

Elisabeth Kübler Ross

Vivre le cœur ouvert, c'est dire OUI à la vie, à ce qui est, dans le quotidien ! Tout mouvement intérieur de contraction peut être libéré par une présence à soi, qui nous amène progressivement à une ouverture de la conscience.

Plus nous sommes capables d'être témoins, sans jugement, de notre ressenti, de laisser être ce qui est, plus nous approchons de notre être véritable. Ainsi, en relation avec nous-mêmes, nous pouvons alors nous tourner vers l'autre avec attention, avec une présence plus vraie... avec un cœur ouvert !

Richard Moss

Glossaire

Accompagnement

L'accompagnement d'une personne qui va mourir, son soutien physique et moral. Accompagner une personne, l'entourer, la soutenir moralement et physiquement à la fin de sa vie.

Présence physique, psychologique et professionnelle d'un intervenant dans une phase d'adaptation, de réadaptation ou d'intégration sociale dans un but d'assurer un bon déroulement de cette phase.

Ame

L'âme est un principe absolu des lois divines.

Le courage, l'amour et la foi, nous ne les voyons pas et pourtant ils sont là.

Compassion

" Souffrir" "avec" (compatir)

La compassion est le sentiment par lequel on est porté à percevoir ou ressentir la souffrance des autres, et poussé à y remédier. Le mot compassion provient du latin *cum patior*, « je souffre avec ». Il s'agit donc d'un calque latin du grec *sym patheia*, sympathie, dont le sens avait dévié. D'où le besoin de ce mot, ainsi que de celui d'empathie. « Pitié » et « apitoiement » sont tous deux devenus péjoratifs, mais signifient originellement compassion, tout comme « miséricorde » et son synonyme « commisération ».

En psychologie

La compassion est une prédisposition à la perception et la reconnaissance de la douleur d'autrui, entraînant une réaction de solidarité active, ou seulement émotionnelle. Il s'agit donc d'une variante d'empathie axée sur la douleur. On peut aussi se porter de la compassion, ce qui sous-entend que l'on est détaché de soi-même, sans quoi on peut aisément la confondre avec l'apitoiement, avec sa composante de complaisance. De même, la compassion envers autrui peut être confondue avec la pitié, au sens moderne, avec sa connotation de condescendance.

Toutes les langues issues du latin forment le mot compassion avec le préfixe "com" et la racine "passion" qui, originellement signifie "souffrance". Dans les langues dérivées du latin, le mot compassion signifie que l'on ne peut regarder d'un cœur froid la souffrance d'autrui ; autrement dit : on a de la sympathie pour celui qui souffre. Un autre mot, qui a à peu près le même sens, pitié (en anglais *pity*, en italien *pieta*, etc.) suggère même une sorte d'indulgence envers l'être souffrant. Avoir de la pitié pour une femme, c'est être mieux loti qu'elle, c'est s'incliner, s'abaisser jusqu'à elle.

C'est pourquoi le mot compassion inspire généralement la méfiance ; il désigne un sentiment considéré comme de second ordre qui n'a pas grand-chose à voir avec l'amour. Aimer quelqu'un par compassion, ce n'est pas l'aimer vraiment.

Dans les langues qui forment le mot compassion non pas avec la racine "passio" - souffrance mais avec le substantif "sentiment", le mot est employé à peu près dans le même sens, mais on peut difficilement dire qu'il désigne un sentiment mauvais ou médiocre. La force secrète de son étymologie baigne le mot d'une autre lumière et lui donne un sens plus large : avoir de la compassion (co-sentiment), c'est pouvoir vivre avec l'autre son malheur mais aussi sentir avec lui n'importe quel autre sentiment : la joie, l'angoisse, le bonheur, la douleur. Cette compassion là (au sens des soucis, *wspolczucie, Mitgefühl, medkänsla*) désigne donc la plus haute capacité d'imagination affective, l'art de la télépathie des émotions. Dans la hiérarchie des sentiments, c'est le sentiment suprême.

Esprit

La source de tout dans notre vie ! Pour être efficace, toute œuvre doit être née de l'esprit. Toute idée spirituelle doit être propre et saine.

Empathie

Le thérapeute est capable de comprendre son patient en étudiant le monde qui entoure celui-ci et non pas le sien (selon Rogers).

L'empathie : Capacité de ressentir les émotions de quelqu'un d'autre.

L'empathie : Le Petit Robert (du grec ancien, dans, à l'intérieur et souffrance, ce qui est éprouvé) une notion complexe désignant le mécanisme par lequel un individu, peut "comprendre" les sentiments et les émotions d'un autre individu.

L'empathie : (du grec ancien εν, dans, à l'intérieur et παθος, souffrance, ce qu'on éprouve) est une notion complexe désignant le mécanisme par lequel un individu peut comprendre les sentiments et les émotions d'une autre personne voire, dans un sens plus général, ses états mentaux non-émotionnels comme ses croyances (on parle alors plus spécifiquement d'empathie cognitive). Dans l'étude des relations interindividuelles, on distingue l'empathie de la sympathie, de la compassion ou de la contagion émotionnelle. (La notion d'empathie n'impliquant pas en elle-même l'idée du partage des mêmes sentiments et émotions, ni d'une position particulière vis-à-vis de ces derniers.)

Estime

Sentiment qui attache du prix à quelqu'un ou à quelque chose. Estime de soi-même, la juste opinion de soi que donne une bonne conscience. La source de toutes les consolations est dans l'estime de lui-même. L'estime de soi-même est le plus grand mobile des âmes fières ; l'amour-propre fertile en illusions se déguise et se fait prendre pour cette estime.

Quand il m'apparaît surtout comme un manque, comme une espèce de Graal vers lequel nous tendrions tous, du plus puissant au plus démuni ? L'oubli de soi impossible qu'évoquent les infirmières est le plus tenace des dommages inhérents à la profession de soignant. Il est d'autant plus inconcevable que l'essentiel de la motivation à soigner s'appuie justement sur le don de soi !

Il faudrait paradoxalement que l'infirmière s'oublie pour se donner, ce qui ne favorise pas, loin s'en faut, cette conscience de soi qui préside à l'estimation de soi, forme active de l'estime de soi, dans un contexte d'emblée aussi complexe. Le malentendu fondamental est protégé par l'incapacité dans laquelle se sentent les infirmières de conceptualiser quelque chose de l'ordre d'un affectif refoulé socialement. On conçoit aisément combien, dans ce contexte, la construction de l'estime de soi devient problématique. Interroger ces allants de soi implique de mettre au jour les dérogations permanentes à une symbolique qui se trouve de ce fait préservée, mais qui place les soignants face à une insuffisance insurmontable qui entretient leur culpabilité.

Le soignant a besoin de confronter son ressenti à celui des malades qui lui sont confiés. Il s'agit d'une évaluation de soi-même dans un rapport, actualisé en permanence, entre soi et ses valeurs, face à l'autre, dépendant s'il s'agit du malade, dominant s'il s'agit du médecin ou de l'administration, chacun accompagné de ses propres attentes.

EXISTENCE DU CORPS

Le toucher a une grande importance car l'équilibre psychique dépend aussi de la place accordée à l'existence corporelle. Le toucher participe à ce sentiment d'existence et de valeur du corps.

Quand le toucher est médical, il n'est que technique. Le toucher doit exister et être chaleureux.

Le toucher tactile est un moyen de communication au même titre que le verbal, sauf que les mots y sont remplacés par le toucher (tact).

SOMATOTHERAPIE(S)

Désigne l'ensemble des techniques corporelles et toute la dimension du travail psycho-corporel en thérapie. Ces techniques font appel à ce que l'on appelle la mémoire corporelle. Libérer cette mémoire nous met en relation avec les émotions qui lui sont liées, telles que la colère, la peur, la tristesse que nous n'aurions pu exprimer mais aussi la joie, le bien-être que nous avons pu rencontrer et sur lesquels nous nous appuyons pour retrouver le plaisir de vivre.

Avec la somatothérapie, nous sommes au cœur des thérapies psychocorporelles. Elle nous propose de réinvestir le corps, et repose sur des techniques adaptées au besoin de la personne dans la perspective d'un mieux-être au quotidien.

Les techniques utilisées permettent de libérer les tensions, les peurs, les angoisses à l'origine de notre mal-être et du manque de confiance en soi, afin de laisser émerger tout notre potentiel créatif, de nous permettre de puiser dans nos propres ressources d'auto-guérison.

Notre corps est comme un carnet de voyage qui contiendrait la mémoire de notre vécu. Le corps se souvient de nos joies, de nos peines, de nos émerveillements, de nos traumas aussi... Il est notre allié sur le chemin qui nous conduit vers nous-mêmes. Nous ne comprenons pas toujours son langage et le premier pas consiste à se mettre à son écoute.

Mettre des mots sur nos souffrances physiques et/ou psychiques, devenir attentif à nos besoins, apprendre à les satisfaire est un chemin d'authenticité, de respect de soi et des autres. Nous cessons alors de vivre en automates (objet) pour participer à la vie de manière responsable (sujet).

Les émotions refoulées ou non exprimées, issues de traumatismes, s'inscrivent corporellement sous forme de tensions, de somatisations, de maladies et/ou de troubles psychiques, la somatothérapie repose sur la participation du corps associée à la psyché, à notre capacité de compréhension et de verbalisation des émotions vécues, dans la voie de la guérison.

Quand les tensions, les traumatismes sont soulagés, le corps se libère et retrouve sa forme naturelle, la position retrouve son équilibre, les énergies réparties à travers le corps sont libres de fonctionner et nous vivons alors les sentiments de joie et de vie. En passant par l'expression verbale de l'émotion vécue comme point d'unification, de réconciliation entre le corps et le mental, l'émotion est utilisée comme moyen de dissolution des tensions tant physiques que psychiques.

Soins palliatifs

Ce sont des soins actifs délivrés dans une approche globale de la personne atteinte d'une maladie grave, évolutive ou terminale. L'objectif des soins palliatifs est de soulager les douleurs physiques et les autres symptômes, mais aussi de prendre en compte la souffrance psychologique, sociale et spirituelle.

Les soins palliatifs et l'accompagnement sont interdisciplinaires. Ils s'adressent au malade en tant que personne, à sa famille et à ses proches, à domicile ou en institution. La formation et le soutien des soignants et des bénévoles font partie de cette démarche.

Les soins palliatifs sont des soins actifs et continus pratiqués par une équipe interdisciplinaire, en institution ou à domicile. Ils visent à soulager la douleur, à apaiser la souffrance psychique, à sauvegarder la dignité de la personne malade et à soutenir son entourage. Ils concernent les personnes atteintes d'une pathologie grave, évolutive, mettant en jeu le pronostic vital.

« Les soins palliatifs sont des soins actifs, continus, évolutifs, coordonnés et pratiqués par une équipe pluriprofessionnelle.

Dans une approche globale et individualisée, ils ont pour objectifs de :

• prévenir et soulager la douleur et les autres symptômes, prendre en compte les besoins psychologiques, sociaux et spirituels, dans le respect de la dignité de la personne soignée ;

• limiter la survenue de complications, en développant les prescriptions personnalisées anticipées ;

• limiter les ruptures de prises en charge en veillant à la bonne coordination entre les différents acteurs du soin. »

Soigner

L'attente d'un satisfecit du pouvoir médical vient aggraver la difficulté d'estimation de la pertinence des choix des soignants. Privilégier un shampoing par rapport à un soin vital est évidemment inimaginable, mais l'exemple est intéressant qui met l'accent sur un élément de « confort » n'entrant pas dans l'évaluation médicale. Le bien-être d'un patient en réanimation (comme ailleurs) passe pourtant par ces soins d'hygiène, mais aussi et surtout pour leur connotation « prendre soin » qui compte énormément dans le ressenti du malade hospitalisé.

Les infirmières et tous les soignants sont particulièrement sensibles à cet aspect du fait de leur proximité avec lui, ainsi que par l'identification avec la souffrance de l'autre qui constitue leur mode majeur de compréhension. Le défaut d'estimation de soi, dans cet exemple, est lié à l'indécidabilité de la valeur accordée à un acte qui contribue à « la santé », mais qui ne se situe pas dans le champ médical. Quelle valeur accorder à des soins qui ne sont pas techniques ? La plus grande partie des soins reste ainsi dans un registre sous-estimé par les infirmières elles-mêmes. Appartenant au « rôle propre » de l'infirmière, le plus souvent délégué par l'aide-soignante, le nursing est en même temps dévalorisé et convoité par les infirmières qui restent, malgré tout, nostalgiques d'un espace dans lequel elles jouissent d'une grande autonomie. La plus-value bénéficiant aux soins techniques, dépendant le plus souvent de la prescription, place les infirmières dans une situation ambiguë qui alimente leur frustration.

La difficulté d'estimation de soi s'augmente du sentiment d'un manque de considération par les médecins et les cadres infirmiers de la part que prend le soignant dans la « guérison » d'un patient. L'impossible prise en compte de certains bénéfices est alors ressentie comme un mépris de toute la part affective qui entoure les résultats, positifs ou négatifs, des « bagarres » que symbolise souvent la lutte contre la maladie. C'est derrière cette non-reconnaissance que s'abritent les soignants de jour pour justifier leur incapacité à aborder ce registre. Pourtant, il ne s'agit pas tant de l'estimation du médecin que de leur propre projection négative. Cette reconnaissance « attendue » ne produit d'ailleurs pas, lorsqu'elle se manifeste, les effets escomptés. Les infirmières semblent ne pas pouvoir se rendre compte que c'est d'elles-mêmes qu'elles doivent attendre une reconnaissance.

Elle insiste sur l'équivoque qui subsiste entre soigner et traiter qui constitue une des difficultés majeures pour l'infirmière. C'est bien d'un problème de légitimité qu'il s'agit, en ce que la parole de l'infirmière à l'hôpital n'est entendable qu'à la condition qu'elle se situe dans la ligne médicale et qu'elle évite toute référence à une vision subjective des problèmes.

THERAPEUTE

Hippocrate et le mode thérapeutique, un contexte sémantique fourni. Est thérapeute celui qui prend soin, du grec *thérapeutiké* "art de prendre soin de quelqu'un". Il est dérivé de *thérapeuien* qui à l'origine, signifie "servir Dieu". Chez Homère, il désigne le serviteur, l'écuyer, l'aide. Le mot est apparu tardivement dans la langue française (1669) comme signifiant soin. Il s'est spécialisé en médecine dans un contexte psychiatrique puis psychanalytique.

TOUCHER

Le verbe "toucher" signifie "entrer en contact avec quelqu'un ou quelque chose, de façon légère ou violente". (Robert)

Dans le sens abstrait, "toucher" c'est aussi "entrer en contact physique" et "faire naître des émotions".

De plus, le nom "toucher" est défini comme "celui des cinq sens à l'aide duquel on reconnaît, par le contact direct de certains organes, la forme et l'état extérieur des corps ; on distingue dans le toucher cinq sensations différentes : contact, pression, chaleur, froid, douleur". (Larousse)

Relation d'aide

Pour un professionnel, la relation d'aide est avant tout un savoir-être. La relation est centrée sur la personne en demande ou en souffrance. Elle permet de l'accompagner dans son parcours de vie. Il ne s'agit pas de trouver ou d'apporter les solutions, mais plutôt de cheminer et d'aider la personne à trouver par elle-même sa solution. La relation d'aide est une forme d'accompagnement, même si parfois elle nécessite des interventions plus marquées. En fonction de l'expérience et des observations chez la personne, le savoir-être permettra d'intervenir ou non selon un jugement clinique.

Le point culminant de la relation d'aide est de reconnaître le ressenti de la personne soignée : reconnaître ses affects, ses émotions, c'est la reconnaître en tant qu'être humain. Selon Hildegard Peplau, la relation d'aide est un système de liens révélant chez une personne, une représentation de son monde et un processus d'intégration de ses besoins. Le but de la relation d'aide est d'identifier la représentation, le modèle du monde de la personne. Dans une perspective interactionniste, les besoins de l'infirmier vont s'articuler à ceux de la personne soignée ; le lien va permettre un développement et une croissance pour chacun des deux : la personne soignée et l'infirmier.

Suggestions de lecture

"Le malade en fin de vie guide de soins palliatifs" Charles E. Kemp, éditions De Boeck Université.

"Trouver la bonne distance avec l'autre Grâce au curseur relationnel" Dr Catherine Deshays, Inter Éditions

"On peut se dire au revoir plusieurs fois", David Servan-Schreiber Édition Robert Laffont

"Revivre" Guy Corneau, Éditions de l'homme

"Etty Hillesum" Pierre Ferrière et Isabelle Meeus-Michiels, Éditions Nouvelle Cité

"La mort, dernière étape de la croissance" Elisabeth Kübler Ross Éditions du Rocher

"Mourir les yeux ouverts" Marie de Hennezel, Nadège Amar, Albin Michel

"La mort intime " Marie de Hennezel, Robert Laffont

"La dernière leçon" Albom Mitch, Robert Laffont

"Manuel d'accréditation" ANAES

"Nous étions deux coureurs de fond" Anna Barbey Mary, Éditions Zoé Genève

"Contrôler votre douleur" François Boureau, Petite bibliothèque Payot/ Documents, Paris

"S'asseoir pour parler, l'art de communiquer de mauvaises nouvelles aux malades" Buckman, Robert Inter Éditions

"L'amour ultime" Marie de Hennezel, Laffont

"L'art de mourir" Marie de Hennezel, Pocket

"Nous ne nous sommes pas dit au revoir" Marie de Hennezel, Laffont

"Le voile noir" Anny Duperey, Le Seuil

"Dans les bras de la lumière" Betty Eadie

"L'intelligence du cœur" Isabelle Filliozat, Marabout

"Découvrir un sens à sa vie" Frankl Victor E., Éditions de l'Homme

"Soigner à domicile des malades en fin de vie" Jean-Marie Gomas, Éditions du Cerf

"Principes fondamentaux des soins infirmiers" Conseil International des Infirmières, Virginia Henderson

"La relation d'aide, Éléments de base et guide de perfectionnement" 2e édition, Gaétan Morin Éditeur

Tous les ouvrages d'Elisabeth Kübler-Ross

"Groupe d'entraide pour personnes en deuil" Monbourquette, Jean Novalis

"Une vie si douce" Simone de Beauvoir, Gallimard

"Derniers fragments d'un long voyage" Christiane Singer, Albin Michel

Pour contacter l'auteur :

Christine Salvador
Hameau Les Maquignons
84220 Goult

www.attitude-cs.com

Achevé d'imprimer en février 2013
sur les presses de la Nouvelle Imprimerie Laballery
58500 Clamecy
Dépôt légal : février 2013
Numéro d'impression : 302011

Imprimé en France

La Nouvelle Imprimerie Laballery est titulaire de la marque Imprim'Vert®